Märchen vom Glück. Wie keine andere Dichtung thematisiert das Märchen die Suche nach dem Glück und beschreibt die Gefährdungen und Schwierigkeiten auf diesem Weg. Der Begriff des Glücks (und des Unglücks) ist ein Zentralbegriff des Märchens.
Im deutschen Sprachgebrauch hat das Wort »Glück« seine frühere ambivalente Bedeutung als »Wechselfälle des Lebens« verloren und bezeichnet sowohl die günstige Fügung als auch das hochgestimmte Glücksgefühl. Andere Sprachen, wie etwa das Englische, unterscheiden hier viel genauer zwischen (*good* oder *bad*) *luck* und *happiness*.

So vielfältig, wetterwendisch und facettenreich wie das Glück selbst, so sind auch die Märchen, die die entsprechenden Grundsituationen des Lebens widerspiegeln: So gibt es die einfach von vornherein vom Schicksal begünstigten – oder auch nur begünstigt erscheinenden – Glückskinder, es gibt Menschen, denen eine Glücksfrau oder Glücksfee beisteht, es gibt solche, die sich ihr Glück hart erkämpfen müssen (sei es durch Arbeit, durch Proben, sei es durch Tugend oder durch List). Manchmal spielt bei der Suche nach dem Glück das Erkennen des günstigen Augenblicks (Kairos) die entscheidende Rolle, wenn das Glück »zum Greifen nahe« ist – oder eben verpaßt wird. Oder der Held verscherzt sich sein bereits gefundenes Glück wieder, oftmals aus unersättlicher Habgier.
Der Zustand des Glücks wird häufig als Gegenbild zu einer Welt materieller Not ausgemalt – als Schwelgen in Reichtum oder als eine Art paradiesisches Schlaraffenland. Genauso häufig wird im Märchen aber auch das Erreichen einer inneren Zufriedenheit exemplarisch vorgeführt, die sich keinen Deut darum schert, ob der Glückliche von der Welt verlacht wird oder nicht. Hier tritt uns das Glück nicht als äußerlicher Besitz, sondern als subjektives Glücksgefühl oder als Leben im Einklang mit der Welt entgegen. Berühmtestes Beispiel dafür ist der »Hans im Glück«. Er versteht sich wahrlich auf die Kunst, glücklich zu sein.

Hannelore Marzi, 1942 in Stettin geboren und in Lübeck aufgewachsen, arbeitete nach dem Studium der Pädagogik als Lehrerin in unterschiedlichen Schulformen im In- und Ausland. Heute lebt sie in Frankfurt am Main. Sie übersetzt und erzählt Märchen für Erwachsene und Kinder und studiert Orientalische Philologie aus Interesse für die Sprachen und die Literatur der islamischen Länder und der Türkei. In der Reihe ›Märchen der Welt‹ des Fischer Taschenbuch Verlages hat sie bereits den Band ›Märchen von Treue und Freundschaft‹ (Bd. 11933) sowie die ›Orientalischen Frauenmärchen‹ (Bd. 12652) herausgegeben.

Märchen vom Glück

Herausgegeben von
Hannelore Marzi

Fischer
Taschenbuch
Verlag

Originalausgabe
Veröffentlicht im Fischer Taschenbuch Verlag GmbH,
Frankfurt am Main, Dezember 1995

© 1995 Fischer Taschenbuch Verlag GmbH, Frankfurt am Main
Satz: Fotosatz Otto Gutfreund GmbH, Darmstadt
Druck und Bindung: Clausen & Bosse, Leck
Printed in Germany
ISBN 3-569-12815-3

Gedruckt auf chlor- und säurefreiem Papier

Für Maria Christa

Inhalt

Trostbrief Alexanders des Großen an seine Mutter	9
Das Hemd des Glücklichen	10
Glück und Reichtum	12
Glück und Verstand	17
Zaubergerte, Goldesel und Knüppelchen, schlagt zu	30
Der Arme und der Reiche	35
Die Wunschfrauen	38
Das Märchen von den drei Junggesellen, welche ausgingen, ihr Glück zu suchen	42
Das blaue Band	53
Das Hirsekorn	59
Das wunderbare Stöcklein	62
Spindel, Weberschiffchen und Nadel	73
Die drei Großmütterchen	77
Die Prinzessin im Sarg	84
Die Wünsche	98
Die drei Brüder oder Kater, Hahn und Leiter	104
Der Wurzelklauber	114
Der dumme Bauer	117
Die guten Tage	118
Gudbrand vom Berge	120
Die goldenen Glöckchen	125
Die beiden Fürstenkinder von Monteleone	129
Das Unglück	135
Die Kette	136
Von dem Mann, der auszog, sein Glück zu wecken	138
Die drei Wünsche	141
Die Vergeltung des Nachtquartiers	144

Das kleine Mädchen im Brunnen	147
Mann und Frau im Essigkrug	150
Von dem jungen Grafen, der sein Glück suchen ging	156
Die Prinzessin als Ritter	164
Stan Bolovan	175
Der Wundergarten	188
Die weißen Vögel vom Arpsee	196
Hans im Glück	199
Nachwort	207
Quellenhinweise	218
Verwendete Literatur in Auswahl	221

Trostbrief Alexanders des Großen
an seine Mutter

Als Alexander der Große erkannte, daß er sterben müsse, schrieb er seiner geliebten Mutter den folgenden Brief, um sie zu trösten:

Der König Alexander: Gruß meiner lieben Mutter!
Wenn du diesen meinen letzten Brief erhalten hast, bereite ein prächtiges Gastmahl zum Dank für die Vorsehung, die dir einen solchen Sohn geschenkt hat, und wenn du mir einen Gefallen tun willst, gehe selbst hin und lade alle, groß und klein, arm und reich, hierzu ein mit den Worten: »Das Mahl ist bereitet, kommt ihr alle in Menge! Doch niemand soll erscheinen, der Trauer hat, sei es jetzt, sei es im Gedenken an die Vergangenheit, denn es ist kein Mahl der Trauer, sondern der Freude.«
Lebe wohl, liebe Mutter.

Als Olympias dies tat, erschien niemand zum Mahl, denn kein Kleiner oder Großer, kein Reicher oder Armer fand sich, der ohne Trauer war. Da erkannte die Mutter die Weisheit ihres Sohnes: daß er diese Welt verließ und daß er zum Trost ihr diesen Brief schrieb, da ihm nichts Unerhörtes begegnete, sondern nur das, was allen Menschen widerfährt.

[Aus dem Alexanderroman]

Das Hemd des Glücklichen

⁕⁕⁕⁕

Ein König war krank und ließ im Lande verkünden, er wolle die Hälfte seines Reiches dem geben, der ihm Heilung bringe. Da versammelten sich die weisen Männer und beratschlagten, wie der König zu heilen wäre. Doch keiner wußte ein Mittel zu nennen. Nur einer meinte, es sei dennoch Hilfe möglich. Er sagte, wenn man einen Menschen fände, der vollkommen glücklich wäre, diesem das Hemd auszöge und es den König anziehen ließe, so würde der Kranke genesen. Sogleich wurden Boten entsandt, einen solchen Glücklichen zu suchen, und der Sohn des Königs zog ihnen voran. Aber sie konnten keinen Menschen finden, der mit seinem Schicksal zufrieden gewesen wäre. War einer reich, so litt er an Krankheit und Schmerzen, war ein andrer gesund, so drückten ihn Armut und Not. Und fehlte einem dritten auch nichts, erfreute er sich der Gesundheit und hatte er Geld die Fülle, so keifte im Hause eine böse Frau, und ungeratene Kinder machten ihm Sorge. Kurz, jeder klagte über sein Los und schalt es ungerecht.
Eines Abends aber ging der Sohn des Königs an einer Hütte vorbei und hörte drinnen einen Menschen so zu sich selbst sprechen: »Nun hab ich meine Arbeit getan, hab mich sattgegessen und sattgetrunken und gehe schlafen –, was fehlt mir noch? Ich bin der glücklichste Mensch!«
Wie der Prinz diese Worte vernahm, ward er voll großer Freude und wollte das Hemd des Glücklichen für seinen Vater haben. Dem Armen sollte man Geld geben, soviel er nur haben wollte.

Die Diener des Königs kamen zu dem Glücklichen und wollten ihm das Hemd ausziehen; allein – o seltsame Fügung – der Glückliche war so arm, daß er nicht einmal ein Hemd am Leibe hatte.

[Leo N. Tolstoi]

Glück und Reichtum
⚜· ⚜· ⚜· ⚜·

Doña Fortuna (Glück) und Don Dinero (Geld) liebten einander so zärtlich, daß sie bald unzertrennlich schienen und man eines nie ohne das andere sah. Die Leute schüttelten die Köpfe über das seltsame Paar; es half ihnen aber nichts, und über Jahr und Tag wurde die Hochzeit gefeiert.

Don Dinero war ein behäbiger Dickbauch mit einem Kopf aus peruanischem Gold, einer Mütze aus mexikanischem Silber, Beinen aus segovianischem Kupfer und Pantoffeln aus Wertpapieren der großen Fabrik zu Madrid. Doña Fortuna war ein verdrehtes, wetterwendisches Frauenzimmer, unzuverlässig im höchsten Grade und in ihren Gunstbezeigungen blinder als ein Maulwurf.

Kaum waren die Flitterwochen verstrichen, so brach auch schon zwischen den beiden der Streit über die Herrschaft im Hause aus. Doña Fortuna wollte befehlen, aber Don Dinero war ein stolzer, eingebildeter Kauz und ließ sich nicht so leicht das Heft aus der Hand nehmen. Das Sprichwort sagt zwar, daß selbst der Ozean, falls er sich vermählte, in Fesseln geschlagen würde, aber Don Dinero ist stolzer als der Ozean und weiß seine Vorrechte wohl zu wahren.

Da nun jeder von den beiden behauptete, vornehmer und mächtiger zu sein als der andere, und keiner nachgeben wollte, kamen sie überein, die Probe aufs Exempel zu machen.

»Bemerkst du wohl«, sprach die Frau zu ihrem Gatten, »da unten im Schatten jenes alten Ölbaumes den armen

Menschen, welcher so niedergeschlagen und betrübt dreinblickt und den Kopf so hängen läßt? Laß uns sehen, wer von uns beiden – du oder ich – die Macht besitzt, sein Schicksal besser zu gestalten.«
Der Gemahl willigte ein. Sie schritten dem Ölbaum zu und erreichten ihn glücklich, Don Dinero ächzend und stöhnend von der ungewöhnlichen Anstrengung, Doña Fortuna lachenden Mundes in einem Sprung.
Der Unglückliche, welcher unter dem Baum lag, hatte in seinem Leben nie die Gelegenheit gehabt, den Blick zu einem der beiden zu erheben. Er riß Mund und Nase auf, und seine Augen wurden so groß und rund wie die Oliven, die über seinem Haupt hingen, als er die hohen Herrschaften vor sich sah.
»Gott schütze dich, kennst du mich nicht?« redete Don Dinero ihn herablassend an.
»Ich kenne Euer Gnaden nicht, obgleich ich in Dero Diensten arbeite.«
»Du hast nie zuvor mein Antlitz gesehen?«
»In diesem Leben nie.«
»Und besitzest du nichts auf dieser Welt?«
»O doch, Euer Gnaden, ich habe sechs Kinder, die keinen Fetzen auf dem Leib haben und keinen Bissen, um ihren Hunger zu stillen, und deren Kehlen so unersättlich sind wie ein alter Weinschlauch. Was hingegen mein Vermögen anbetrifft, so besitze ich davon nicht mehr, als im glücklichsten Falle aus der Hand in den Mund zu leben.«
»Und warum arbeitest du nicht?«
»Je, weil ich keine Arbeit finde! Ich habe solches Pech, daß mir alles schief ausgeht. Seit meiner Heirat scheint mich das Unglück in seinen Klauen zu haben. Da schickt uns ein Herr hierher, ihm für Tagelohn einen Brunnen zu graben. Er versprach uns goldene Berge, wenn unsere Arbeit von Erfolg gekrönt werde, im voraus aber gab er uns keinen Maravedi, keinen Heller. Hängen sollte man den Schuft!«

»Nun«, meinte Don Dinero belehrend, »vielleicht dachte der Herr auch an das Sprichwort ›Wie die Arbeit, so der Lohn...‹«

»Wohlan«, fuhr der Arme fort, »wir fingen an zu arbeiten, als gälte es unser Seelenheil, aber wie gesagt, je tiefer wir gruben, um so weiter entfernten wir uns von dem Sitze des Wassers: Nicht einen Tropfen haben wir gefunden! Es war, als seien die Eingeweide der Erde vertrocknet. Unsere ganze Beute besteht in einem alten Lederstiefel, den wir gestern ans Tageslicht befördert haben.«

Don Dinero war höchlichst indigniert, da er seinen unterirdischen Junggesellenpalast so übel angeschrieben fand, doch sprach er darauf gnädig zu dem Armen: »Ich will dir meine Gunst zuwenden«, und drückte ihm einen Duro in die Hand.

Dem armen Mann erschien alles wie ein schöner Traum. Ohne sich zu bedanken, machte er sich auf und davon. Es war, als habe er Flügel an den Sohlen, so hatte die Freude seine Kräfte neu belebt. Er kam in eine kleine Schenke und kaufte für sich und die Seinen Brot. Als er darauf, um zu bezahlen, das Geld aus der Tasche ziehen wollte, fand er nichts darin als ein großes Loch, durch welches der silberne Duro entschlüpft war, ohne sich zu empfehlen. Verzweifelt kehrte er um und suchte den ganzen Weg entlang, auf dem er gekommen war, doch umsonst. Durch das Suchen verlor er viel Zeit und mit der Zeit die Geduld, und er fluchte seinem Unstern, der ihn zu nichts kommen lasse in dieser Welt.

Doña Fortuna konnte sich des Lachens nicht enthalten, und Don Dinero wurde vor Ärger ganz gelb. Doch blieb ihm nichts anderes übrig, als abermals den Beutel zu ziehen und dem Armen eine Unze, also sechzehn Duro, zu geben.

Dieser war so selig, daß er vor Freude gar nicht wußte, was alles er dafür einkaufen sollte. Diesmal dachte er nicht an

Brot, sondern begab sich in einen Leinwandladen, um für seine Frau und die Kinder Kleider zu kaufen. Als es aber ans Bezahlen ging und er die Unze hervorzog, entsetzte sich der Kaufmann und behauptete, das Goldstück sei falsch und der Käufer ein Falschmünzer, den er der Polizei ausliefern müsse. Der Arme, als er das vernahm, entfloh eiligst, um Don Dinero weinend mitzuteilen, in welch ein Unglück ihn dessen Geschenk beinahe gestürzt habe.
Die Geschichte hören und in Lachen ausbrechen war bei Doña Fortuna eins, während sich Don Dinero wütend den Schnurrbart drehte.
»Hier, nimm!« sagte er zu dem Armen und gab ihm zweitausend Realen, deren einer den Wert von zweiundzwanzig Pfennigen besaß. »Du hast kein Glück, aber so wahr ich der mächtige Beherrscher der Erde bin, will ich dir dasselbe ersetzen.«
Der Arme war durch die ihn riesenhaft dünkende Summe so geblendet, daß er sich so lange damit rühmte, bis ihn Spitzbuben überfielen und den Prahlhans so arm zurückließen, wie ihn Gott erschaffen.
Doña Fortuna sah schadenfroh auf ihren Gemahl, der wütend hin und her lief wie ein Stier in der Arena.
»Jetzt komme ich an die Reihe!« sagte sie. »Nun wollen wir doch einmal sehen, wer größere Macht besitzt, du oder ich!«
Leisen Schrittes näherte sie sich dem Armen, der auf dem Boden lag und sich das Haar raufte. Sie beugte sich über ihn, und sogleich fand er unter seinen Fingern den verlorenen Duro wieder.
»Es ist doch besser als nichts«, meinte er zufrieden. »Ich kann damit wenigstens Brot für meine Kinder kaufen, deren Mägen so leer sind wie eine Laterne, denn die armen Würmer haben seit drei Tagen nichts gegessen.«
Als er an dem Laden vorbeiging, wo er zuvor die Kleiderstoffe einhandeln wollte, wurde er von dem Kaufmann

hineingerufen, der sich bitter anklagte, ihn ungerecht beschuldigt zu haben. Er habe sich eingebildet, die Unze sei gefälscht, aber als er dieselbe, um Gewißheit zu erlangen, einem Wechsler gezeigt, habe ihm dieser versichert, das Goldstück sei echt und eher zu schwer als zu leicht. Damit gab er dem Armen das Gold zurück und schenkte ihm außerdem noch den erhandelten Stoff als Entschädigung für das Unrecht, welches er ihm zugefügt.

Der Arme erklärte sich zufriedengestellt und zog mit der Ware beladen weiter. Als er über den Marktplatz ging, vernahm er, daß die Wache jene Spitzbuben eingefangen, die ihn beraubt, und der Richter, der ein Richter nach Gottes Gesetz war, ließ ihm das geraubte Geld zurückerstatten ohne jeden Kostenabzug.

Der Arme legte sein Geld in Gemeinschaft mit einem Vetter an. Sie kauften eine Mine, und es dauerte nicht lange, so fanden sie eine Gold- und eine Silberader und außerdem noch eine Eisenader. Nicht lange darauf titulierte man den ehemals Armen »Herr«, dann »Euer Gnaden« und schließlich »Exzellenz«.

Seit dieser Zeit hält Doña Fortuna ihren Mann unter dem Pantoffel und regiert die Welt ohne Sinn und Verstand, beglückt mit ihrer Gunst blindlings diesen und jenen und ist launischer und wetterwendischer denn je.

[Märchen aus Andalusien]

Glück und Verstand

⁓⁕⁓⁕⁓⁕⁓⁕

Glück und Verstand reisten zuhauf.
»Wem ich helfe, dem gelingt's«, sagte der Verstand.
»Das kommt auf die Probe an«, erwiderte das Glück, und wie sie miteinander zankten, erblickten sie einen Bauernjungen, der mit zwei Kühen den Acker pflügte. »Der Junge gefällt mir!« rief der Verstand. »Was meinst du, Bruder Glück, wollen wir mit ihm den Versuch machen?«
Das Glück war es zufrieden, und der Verstand, der immer obenaus ist und stets der erste sein will, fuhr, wie er ging und stand, in den Bauernjungen hinein. Der hatte bis dahin ein Lied vor sich hin gepfiffen, so dumm und so klug, wie die Bauernjungen eben ein Lied pfeifen. Als aber der Verstand in ihm steckte, dauerte es gar nicht lange, und er schaute nachdenklich die Furchen entlang. Da war eine so schier und gerade wie die andere, und wer pflügen kann, der weiß, was es heißt, schnurgerade Furchen zu ziehen.
»Junge«, dachte er bei sich, »du bist noch so jung und kannst schon so vortrefflich pflügen? Du bist zu gut zum Bauern!«, und flugs spannte er die Kühe aus und kehrte auf den Hof zurück.
»Mutter«, sprach er, »mir ist's über, ein Bauer zu sein. Ich will in die Stadt und ein Handwerk lernen.«
Seine Mutter war aber eine Witwe und der Junge ihre einzige Stütze und der Erbe des Hofes, denn sie hatte nur das eine Kind. Sie sprach darum zornig: »Wer hat dir das in den Kopf gesetzt! Sogleich kehrst du auf den Acker zurück und kommst mir nicht vor Abend nach Hause!«
Der Junge gehorchte und verrichtete sein Tagewerk. Am

nächsten Morgen schien es ihm, als pflüge er noch besser als den Tag zuvor, und nachdem er ein paar Furchen gezogen hatte, spannte er wiederum aus und kehrte mit den Rindern nach Hause zurück. »Mutter«, sagte er, »miete nur statt meiner einen Knecht! Ich hab's mir noch einmal überlegt. Ich bin zu gut zum Bauern und will in die Stadt und ein Handwerk lernen.«
»Ei, guckt mir einmal den Schlingel an!« schalt die Mutter. »Nun will er gar mehr sein als sein Vater! Nein, daraus wird nichts!« Und damit ergriff sie ihres seligen Mannes Knotenstock und zog ihm ein paar Wohlgezielte über den Rücken, daß er allen Hochmut vergaß und machte, daß er wieder auf das Feld kam.
Am dritten Morgen kamen ihm beim Pflügen die gleichen Gedanken, und weil er Furcht vor seiner Mutter hatte, ließ er kurz entschlossen Pflug und Rinder im Stich und lief trapp, trapp, was er laufen konnte, und ruhte und rastete nicht eher, als bis er im Wald war. Der Busch war aber sehr lang und sehr breit, und er lief drei ganze Tage darin herum, ehe er das Ende erreichte und in die Stadt gelangte. Von dem vielen Laufen war er müde und hungrig geworden, denn im Wald gibt es nur Beeren und harte Wurzeln. Geld hatte er nicht in der Tasche, womit er sich etwas kaufen könnte. Darum setzte er sich vor einem Haus auf die Bank, hielt den Kopf zwischen den Händen und weinte bitterlich. Da schlug ihn mit einem Mal ein Mann auf die Schulter, welcher ein Schurzfell vor dem Leib trug, und fragte: »Was fehlt dir, mein Sohn?«
»Ach, lieber Herr«, antwortete der Junge, »ich bin hier fremd, bin, wie ich gehe und stehe, vom Pflug weggelaufen, denn ich bin zu klug zum Bauern und möchte gern ein Handwerk lernen.«
»Einen klugen Lehrjungen könnte ich gerade gebrauchen«, sprach der Mann. »Kannst du aber auch lesen und schreiben? Denn ich bin ein Goldschmied, und wer ein

Goldschmied werden will, muß gründlich lesen und schreiben können.«

»Ich bin nicht in die Schule gegangen«, erwiderte der Junge, »aber zeigt mir, wie's gemacht wird, so weiß ich's sogleich.«

»Wenn du das wahrmachst, sollst du bei mir bleiben«, sagte der Goldschmied, und nachdem er ihm in seinem Haus satt zu essen und zu trinken gegeben, tat er ihn zu einem verständigen Manne, der ihn unterrichten sollte. Hei, das war eine Freude, mitanzusehen, wie der Junge alles begriff, und ehe noch vier Wochen vergangen waren, wußte er just soviel wie sein Lehrer.

Nun führte ihn der Goldschmied in die Werkstatt und befahl dem Altgesellen, daß er ihn in seine Obhut nehme.

»Junge«, sprach der Altgeselle, als ihm der Meister den Rücken gekehrt, »hier hast du sechs Dreier. Lauf zum Krüger und bring mir ein Quart!« Das tat der Junge auch. Doch als er mit dem Branntwein zurückgekommen war, sagte der zweite Geselle: »Junge, hier hast du einen Sechser. Lauf zum Kaufmann und hol mir Schnupftabak, aber auch ja von dem sauren!«

So hatte der eine dies, der andere das zu bestellen, und der Junge kam aus dem Laufen gar nicht heraus, und das ging einen Tag wie den andern. Nach einer Woche kam der Meister wieder einmal in die Werkstatt und fragte: »Wie gefällt dir die Goldschmiedekunst?«

»Schlecht«, antwortete der Junge, »wenn ich hin und her laufen wollte, hätte ich in meinem Dorf bleiben können. Lernen will ich, und Gold will ich in den Händen haben, um schöne, glitzernde Dinge daraus zu schmieden!« Da lachte der Meister, daß er sich den Leib halten mußte, und sprach: »Wer wird denn einem Lehrjungen Gold in die Hand geben! Zum Verderben ist es zu teuer.«

»Laßt mich nur das nehmen, was die Gesellen fortgeworfen haben, Meister«, bat der Junge, »dann sollt Ihr schon sehen, was ich kann!« Nun lachten auch die Gesellen allesamt, denn was für Gold konnte er meinen? Der Meister erlaubte ihm, mit dem, was die andern fortgeworfen hatten, zu tun, was er wolle. Da fegte der Junge das Gemüll in der Werkstatt zusammen, tat es in den Tiegel und stellte ihn über das Feuer, und all die abgefeilten Goldstäubchen, die vorher zertreten im Sand gelegen hatten, schmolzen zusammen, und als er den Tiegel wieder vom Feuer nahm, fand sich ein gut Teil Gold auf dessen Boden. Darauf nahm er Hammer und Zange und was der Werkzeuge, deren ein Goldschmied bedarf, noch mehr sind und arbeitete und arbeitete, bis er ein glänzendes Halsgeschmeide verfertigt hatte.

»Junge, was hast du da?« rief der Meister, als er die Arbeit erblickte.

»Das habe ich aus dem fortgeworfenen Gold gefertigt«, antwortete der Junge.

»Und du redest mir vor, du seist ein Lehrling!« sprach der Goldschmied zornig. »Du bist ja ein Meister über alle Meister! Warte nur, ich werde dich lehren, andere Leute zum Narren zu haben!« Und ehe der Junge es sich versah, hatte er ihm rechts und links um die Ohren geschlagen, und zu guter Letzt warf er ihn gar zum Haus hinaus. Da stand er auf der Straße und war in vier Wochen ein gelernter Goldschmied geworden und hatte doch keinen Gesellenbrief. Was sollte jetzt aus ihm werden?

Er ging ein Stückchen die Straße hinauf, setzte sich dann wieder auf eine Bank vor einem Haus und weinte seine bitterlichen Tränen. Es dauerte gar nicht lange, so kam der Herr des Hauses heraus und fragte ihn: »Junge, was weinst du?« Da erzählte er ihm, wie er von zu Hause fortgelaufen sei, weil er zu klug sei, um den Bauern zu spielen, daß ihn der Goldschmied als Lehrjungen angenommen habe, und wie er nun von ihm auf die Straße gesetzt worden sei, weil er ein Goldschmied sei über alle Goldschmiede.

»Höre, Junge«, sprach der Mann, »ich mache Singuhren. Wenn dir das Handwerk gefällt, so möchte ich es wohl einmal mit dir versuchen.«

Des war der Junge zufrieden, und nachdem ihm die Meisterin Brot, Butter und Käse vorgesetzt hatte und er satt geworden war, führte ihn der Meister in die Werkstatt und übergab ihn dem Altgesellen. Da ging es wieder wie beim Goldschmied: »Junge, hol das!« und »Junge, bring das!«, und er kam vor dem vielen Laufen gar nicht zur Ruhe.

»Nun, wie gefällt dir das Handwerk?« fragte der Meister, nachdem ein paar Wochen verflossen waren.

»Gar nicht«, antwortete der Junge. »Um den Laufburschen abzugeben, bin ich nicht in die Stadt gekommen. Lernen will ich und Spieluhren verfertigen.«

»Meinetwegen«, sprach der Meister, »du sollst deinen Willen haben. Oben auf dem obersten Boden steht in der großen Kiste eine alte Singuhr, die hat mein Großvater einmal als Bezahlung gegen eine andere Uhr angenommen, hat aber nichts damit anfangen können. Vater sagte, es sei der Mühe nicht wert, und ich habe sie noch nicht einmal angesehen. Daran magst du dich versuchen.« Und dabei lachte er vor Vergnügen, und die sieben Gesellen in der Werkstatt lachten mit, denn sie wollten dem Meister nicht nachstehen. Der Junge aber kümmerte sich nicht darum, sondern lief auf den Boden und trug die alte Singuhr auf den Hof. Dort fegte er zuerst sauber die Spinnengewebe aus, denn was meint ihr, wie die Spinnen in einer alten Uhr hausen, welche hundert Jahre auf dem obersten Boden im Kasten gelegen hat! Nachdem das Gehäuse gereinigt war, schaute er nach und holte die Räder heraus. Hier fehlte ein Zapfen und dort ein Zahn; er aber holte Handwerkszeug aus der Werkstatt und fügte das Fehlende so geschickt ein, daß die Uhr, als er sie wieder zusammengesetzt hatte, so herrlich spielte und sang, daß die Leute auf der Straße stehenblieben, um den schönen Tönen zu lauschen.

Als der Meister die Arbeit des Jungen sah, wunderte er sich zwar auch über alle Maßen, doch war er nicht so töricht wie der Goldschmied, sondern machte den Lehrjungen sofort zum Gesellen, stellte ihm einen Brief aus und setzte ihn über die ganze Werkstatt. Alle Arbeit mußte er beschauen, und dann erst kam sie an die anderen Gesellen. Er machte seine Sache so gut, daß der Meister sich um nichts mehr zu kümmern brauchte.

Nun hatte der König in der Stadt eine Singuhr, an der hing sein ganzes Herz. Eines Tages machte es jedoch schnurrrrr, und das Räderwerk stand still und war nicht wieder in Bewegung zu setzen. Da ließ der König ausrufen, wer ihm die Singuhr in Ordnung bringe, dem wolle er zur Belohnung geben, was er sich wünsche; wer sich aber an die Arbeit mache und nicht damit fertig werde, solle den Kopf verlieren. Auf diese Bedingung hin meldete sich gar niemand, denn alle hätten sich zwar gerne gewünscht, was sie am liebsten mochten, aber sie fürchteten samt und sonders, den Kopf zu verlieren. Nur der Meister, bei dem der Junge in Arbeit stand, ging auf das Schloß und sagte, er wolle die Uhr wieder in Ordnung bringen.

»Hier ist die Uhr, setz dich hin!« sagte der König.

»Nein, meine Augen sind für so feine Arbeit schon zu trübe«, antwortete der Meister. »Aber ich habe einen Gesellen, der soll mir helfen.«

Des war der König zufrieden, und der Junge wurde geholt. Der sah kaum in das Räderwerk hinein, so wußte er, woran es lag, aber er legte die Uhr wieder auf den Tisch und rührte weder Hand noch Fuß. »Warum arbeitest du nicht?« fragte der Meister.

»Das sollte mir fehlen!« erwiderte der Junge. »Ich setze meinen Kopf zum Pfand, und Ihr erntet den Lohn, wenn die Arbeit gelingt. Entweder Ihr bringt die Uhr in Ordnung, und ich gehe hinaus, oder ich bringe die Uhr in Ordnung, und Ihr geht hinaus.«

»Nichtsnutziger Schlingel!« schrie der Meister und gab dem Jungen einen Schlag auf die Ohren. Der ließ sich das nicht gefallen, und es hätte wohl gar eine große Prügelei abgegeben, wenn nicht der König dazugekommen wäre.

»Herr König«, rief der Meister und war kirschrot im Gesicht, »es geht drunter und drüber in Eurem Reich!«

»Nein, Herr König«, fiel ihm der Junge ins Wort, »ist's nicht billig, daß der, welcher die Uhr wiederherstellt, auch die Belohnung empfängt?«

»Gewiß ist das recht und billig«, erwiderte der König verwundert, und als ihm der Junge erzählt hatte, weshalb der Streit entstanden war, fragte er den Meister, ob er die Arbeit machen wolle oder nicht. Und als der Meister versicherte, er könne es wohl, aber die Augen seien ihm zu trübe geworden, darum müsse es sein Geselle tun, sprach der König: »Was hat Er dann in dem Schlosse zu tun? Marsch fort, oder ich lasse Ihn hinauswerfen!« Der Meister knirschte vor Wut mit den Zähnen, aber er mußte gehorchen, denn der König verstand keinen Spaß.

Der Junge konnte nun seine Arbeit beginnen, und es dauerte gar nicht lange, so hatte er alles wieder in Ordnung gebracht. Der König wurde gerufen, damit er die Arbeit beschaue. Als die Uhr sang, rief er: »So wie früher geht sie nicht, sondern zehnmal schöner. Darum wünsch dir jetzt, was du willst. Wenn es in meiner Macht steht, soll dir der Wunsch gewährt werden.« Antwortete der Junge: »Herr König, mein Vater ist schon lange tot, und ob meine Mutter noch lebt, weiß ich nicht. Wenn ich wünschen könnte, was ich will, wünschte ich, daß Ihr mich an Kindes Statt annehmen möchtet.«

»Das soll geschehen«, sprach der König. »Mein einziger Sohn ist in deinem Alter, und da paßt ihr zusammen.«

Der junge Prinz wurde sogleich hereingerufen, und als er vernahm, was geschehen war, gab er seinem neuen Bruder

freundlich die Hand. Dann bekam jener königliche Kleider anzuziehen und wurde Prinz Karl genannt, während des Königs rechter Sohn Prinz Friedrich hieß.
Jeden Morgen ritten die Prinzen aus, und da die Stadt sieben Tore hatte, hätten sie alle Tage der Woche ein anderes Tor gehabt. Doch jedesmal, wenn sie bis zum sechsten Tor gelangt waren, kehrte Prinz Friedrich um und begann wieder mit dem ersten. Das nahm Prinz Karl Wunder, und er fragte Prinz Friedrich, weshalb er das tue. Der wollte zuerst nicht mit der Sprache heraus. Als aber sein Bruder nicht nachließ, in ihn zu dringen mit Bitten und Quälen, sprach er endlich: »Nun gut, du sollst es erfahren. Ich habe noch eine Schwester, die hat ihr Lebtag mit keinem Menschen ein Wort gesprochen, so trotzig und hochfahrend ist sie. Da ist mein Vater zornig geworden und hat sie vor dem siebenten Tor in das Wachthäuschen gesperrt; eine Tafel ist daran geschlagen: ›Wer meine Tochter zum Sprechen bringt, erhält sie zur Frau und wird mein Nachfolger im Reich. Wer es aber versucht und es gelingt ihm nicht, wird desselben Tages gehängt.‹ Und damit niemand den König belügen kann, sitzen drei alte ausgediente Feldwebel vor dem Häuschen. Sie schreiben jeden auf, der zu der Prinzessin hineingeht, und verdienen sich damit für ihre alten Tage das Gnadenbrot.«
»Wenn es weiter nichts ist!« antwortete Prinz Karl. »Das hättest du mir schon eher sagen können! Mich gelüstet's nicht, den Kopf zu verlieren; die Prinzessin hat vor mir Ruhe.« Innerlich dachte er aber anders. Sein ganzes Sinnen und Trachten stand von nun an allein nach der Prinzessin, und er hatte nur deshalb so gesprochen, damit Prinz Friedrich mit ihm durch das siebente Tor reite.
Das tat Prinz Friedrich denn auch. Schon am anderen Morgen ritten sie durch das siebente Tor, und die drei alten ausgedienten Feldwebel standen stramm wie die Puppen, als die beiden Prinzen vorüberritten. Die Prinzessin aber,

welche am Fenster stand, tat, als sehe sie nichts, und dankte auch nicht, als die Prinzen sie grüßten.

»Sag mir, mein Bruder«, begann Prinz Karl, nachdem sie eine Weile geritten waren, »was hat denn deine Schwester in der Stube, in der sie gefangensitzt?« Antwortete Prinz Friedrich: »Je nun, was soll sie haben? In der Stube stehen ein Bett und zwei Stühle, ein Tisch und ein Schrank, und mitten an der einen Wand hängt ein großer, mächtiger Spiegel. Das ist ihr Herrgott. Vor dem steht sie wohl hundertmal des Tages und schaut hinein.«

Nun hatte Prinz Karl genug gehört und fragte seinen Bruder nicht weiter. Als sie aber auf dem Rückweg wieder an dem Wachthäuschen vorbeikamen, sprang Prinz Karl geschwind vom Roß, und ehe Prinz Friedrich wußte, was geschah, hatte er den drei Feldwebeln seinen Namen genannt und war in das Häuschen gelaufen. Poch, poch, poch, klopfte er an, aber niemand rief herein. Da öffnete er die Tür und trat in das Zimmer. Die Prinzessin stand vor dem Spiegel und beschaute ihre Schönheit darin. Prinz Karl aber drängte sie beiseite und rief: »Guten Tag, Spiegel!«

Die Prinzessin sah dem fremden Mann verwundert ins Gesicht. »Guten Tag, Spiegel!« rief Prinz Karl zum zweiten Mal, und die Prinzessin schaute ihm immer ängstlicher in die Augen.

»Guten Tag, Spiegel!« schrie Prinz Karl mit so lauter Stimme, daß es in der Stube dröhnte. »Wenn du mir jetzt keine Antwort gibst, zerschlage ich dich in tausend Stücke!«

»Ach, lieber Herr«, sprach da die Prinzessin und stellte sich vor ihren Herrgottsspiegel, »wie könnt Ihr so unvernünftig sein! Ein Spiegel kann doch nicht reden!«

»Es ist gut«, lachte Prinz Karl und ging zum Wachthäuschen hinaus, schwang sich auf sein Pferd und ritt Prinz Friedrich nach.

Die drei alten ausgedienten Feldwebel hatten wohl gehört, daß der Prinz die Prinzessin zum Sprechen gebracht, aber sie fürchteten, es würde ihr Dienst aus sein und das faule Leben ein Ende haben, wenn die Prinzessin aus dem Wachthäuschen herauskäme. Sie setzten darum eine falsche Meldung für den König auf, darin stand geschrieben: »Prinz Karl ist in das Wachthaus gedrungen, um die Prinzessin zum Reden zu bringen. Es ist ihm aber ergangen wie den andern allen, und die Prinzessin ist stumm geblieben wie ein Fisch im Wasser.«

Gerade als der König die Meldung gelesen hatte, trat Prinz Karl vor ihn und verlangte die Prinzessin zur Frau, denn er habe sie zum Reden gebracht.

»Belügst du mich, deinen Vater?« rief der alte König zornig. »Hier, das ist die Wahrheit, das haben drei alte ausgediente Feldwebel, geschworene Leute, geschrieben!«, und damit zeigte er ihm die Meldung. Da war nun freilich nichts zu machen, denn es standen drei gegen einen, und Prinz Karl mußte sich auf den Armesünderkarren setzen und wurde zum Galgen gefahren. Prinz Friedrich aber weinte und wollte sich nicht trösten lassen, denn er hielt sich schuld an dem ganzen Unglück.

Als Prinz Karl unten an der Leiter stand, kam das Glück auf den Richtplatz gegangen, aber niemand sah es. Das Glück sprach zu dem Verstand, der in den Jungen geschlüpft war, aber niemand hörte es: »Nun, Bruder Verstand, bis zum Galgen hast du deinen Freund ja gebracht. Viel Freude hat er bisher auch nicht erlebt, aber Schläge hat er genug bekommen – von der Mutter, von dem Goldschmied und von dem Singuhrenmacher.«

»Du hast recht, Bruder Glück«, antwortete der Verstand, »ein Prinz ist er zwar durch mich geworden, aber nun weiß ich mir keinen Rat und keine Hilfe mehr.«

Sprach das Glück: »Jetzt werde ich mich seiner annehmen!« Und, hast du nicht gesehen, während der Junge die

Leiter hinaufstieg, fuhr der Verstand aus ihm heraus und das Glück in ihn hinein. Als Prinz Karl oben angelangt war und der Henker ihm die Schlinge schon um den Hals gelegt hatte, fiel ihm zum guten Glück ein, daß er noch eine letzte Bitte stellen konnte, die ihm der König nicht abschlagen durfte.
»Vater«, sagte er, »ich bestehe auf meinem Recht; ich habe noch eine Bitte.«
»Sie soll dir gewährt werden«, antwortete der König, »nur um das Leben darfst du nicht bitten.«
Sprach Prinz Karl: »So bitte ich, daß ich noch einmal die Prinzessin zum Reden bringen darf, während du mit Prinz Friedrich an der Tür stehst und horchst.«
Da mußte der Henker die Schlinge sogleich wieder vom Nacken nehmen. Der König setzte sich mit den beiden Prinzen in den Wagen, und sie fuhren durch das siebente Tor zu dem Wachthäuschen. Prinz Karl tat, wie er das erstemal getan, er pochte an und ging, als niemand herein sagte, ohne weiteres in die Stube. Und während der König und Prinz Friedrich an der Tür standen und horchten, sprach er wiederum: »Guten Tag, Spiegel! Guten Tag, Spiegel! Guten Tag, Spiegel! Wenn du mir jetzt nicht Antwort gibst, zerschlag ich dich in tausend Stücke!«
Trat die Prinzessin wieder vor ihn hin, daß er ihrem Herrgott nichts anhaben möchte, und sprach: »Lieber Herr, ich habe Euch schon einmal gesagt, Ihr sollt nicht so unvernünftig sein und von einem Spiegel verlangen, daß er redet. Was wollt Ihr überhaupt in meiner Stube?«
Erwiderte Prinz Karl: »Liebe Prinzessin, ich will Euch eine Geschichte erzählen, die mir selbst zugestoßen ist: Ich bin ein Uhrmacher und ging einmal mit einem Bildhauer und einem Schneider auf Wanderschaft. Eines Nachts kamen wir in einen großen Wald. Da fürchteten wir uns vor den wilden Tieren und beschlossen, daß einer immer für die anderen wachen solle. Wir warfen das Los.

Die erste Nummer traf den Bildhauer, und die zweite erhielt der Schneider, während mir die dritte Nummer zuteil wurde. Während wir schliefen, wurde aber dem Bildhauer die Zeit lang, und er ergriff einen Holzblock, zog das Messer aus der Tasche und schnitzte daraus ein wunderschönes Frauenbild. Als seine Zeit um war, da war auch das Bild fertig, und er lehnte es an den Baum und legte sich schlafen. Der Schneider, der jetzt an der Reihe war, sah das Bild, und es dauerte ihn, daß es nackt war. Flugs schnallte er sein Ränzel auf, holte Nadel und Zwirn und Stoff hervor, nähte dem Bild ein Kleid und zog es ihm an. Das hatte er eben getan, da war seine Zeit verstrichen, und ich mußte die Wache besorgen. Als ich das schöne Frauenbild in dem herrlichen Kleid sah, dachte ich: ›Wie schön wäre es, wenn es sprechen könnte!‹ Mein Werkzeug hatte ich zur Hand, und ehe noch der Morgen anbrach, hatte ich eine Stimme verfertigt. Ich setzte sie dem Frauenbild in den Mund, und da sprach es wie ein vernünftiger Mensch.«

»Das ist nicht wahr!« rief die Prinzessin.

»Und es ist doch wahr!« antwortete der Prinz. »Der Bildhauer, der das Bild geschnitzt hat, ist dein Vater. Der Schneider, der es kleidete, ist deine Mutter. Und ich bin der Uhrmacher; ich habe dir die Stimme eingesetzt, daß du wieder sprechen und singen und lachen und weinen kannst wie ein vernünftiger Mensch.«

»Ja, Prinz Karl hat recht!« riefen der alte König und Prinz Friedrich wie aus einem Mund, stießen die Tür auf und traten in die Stube. Da mußte die Prinzessin sogleich mit dem König und den beiden Prinzen in den Wagen steigen, und sie fuhren zu viert auf das Schloß. Die Hochzeit wurde noch an demselben Abend mit großer Pracht und Herrlichkeit gefeiert, nachdem sie zuvor zugesehen, wie die drei Erzlügner, die alten ausgedienten Feldwebel, an den höchsten Galgen gehängt wurden und in der freien Luft baumelten.

Nach der Hochzeit machte das Glück wieder, daß es zum Verstand kam.

»Bruder«, sagte der Verstand, »nun habe ich es selbst erfahren: Deine Freunde sind besser beraten als meine.«

Dann setzten sie selbander ihre Reise fort. Weiß Gott, wem sie jetzt helfen mögen.

[Märchen aus Pommern]

Zaubergerte, Goldesel und Knüppelchen, schlagt zu

Es war einmal ein armer Maurer, der hatte eine Frau und eine Menge Kinder und konnte doch nicht genug verdienen, um sie zu ernähren. Als sie nun eines Tages vor Hunger weinten, und der arme Mann keine Arbeit hatte, sprach er zu seiner Frau: »Ich will über Land gehen. Vielleicht finde ich woanders Arbeit und kann euch Geld und Speise mitbringen.«
Also machte er sich auf den Weg und wanderte fort, und als er ein gutes Stück gegangen war, kam er auf einen Berg. Da sah er eine wunderschöne Frau, die sprach zu ihm: »Du brauchst nun nicht weiter zu wandern, denn ich bin dein Glück, und ich will dir helfen.« Sie schenkte ihm eine Zaubergerte und sprach: »Wenn du essen willst, so befiehl nur dieser Gerte, so wird vor dir stehen, was dein Herz begehrt.« Der Maurer dankte der unbekannten schönen Frau und ging fröhlich heim.
Weil es aber schon dunkel war, konnte er nicht mehr bis nach Hause kommen, sondern mußte in einem Wirtshaus einkehren. Da ließ er einen Tisch decken und schlug dann mit der Gerte auf den Tisch. »Befiehl!« antwortete die Gerte. »Ich wünsche mir einen Teller Makkaroni, Braten und Salat und eine gute Flasche Wein«, sprach der Mann, und alsbald stand alles vor ihm auf dem Tisch. Er aß sich satt und dachte: »Jetzt habe ich für alle Zeiten genug.«
Der Wirt und die Wirtin hatten aber alles mitangesehen, und als der Maurer fest eingeschlafen war, kam der Wirt leise hereingeschlichen, nahm die Zaubergerte fort und legte ihm eine gewöhnliche Gerte hin.

Am nächsten Morgen machte sich der Maurer schon ganz früh auf den Weg und kam bald nach Haus. »Hast du uns gar nichts mitgebracht?« fragte ihn seine Frau.
»Ich habe etwas mitgebracht, das ist besser als alle Einkäufe«, antwortete er. »Decke nur schnell den Tisch!«
Als der Tisch gedeckt war, schlug er mit der Gerte darauf und rief: »Ich wünsche Makkaroni, Braten, Salat und Wein für mich und meine Familie!«, aber es erschien nichts, er mochte fragen und rufen, soviel er wollte. Da fing seine Frau an zu weinen, denn sie dachte, ihr Mann habe den Verstand verloren. Er aber sprach: »Nun laß es gut sein! Ich muß eben noch einmal über Land gehen.«
Also machte er sich auf und wanderte bis zu demselben Berg und fand auch die schöne Frau noch dort. »Du hast die Gerte verloren, ich weiß es wohl«, sprach sie zu ihm. »Ich will dir aber doch wieder helfen. Nimm diesen Esel! Wenn du ihn auf ein Tuch stellst, so speit er dir Geld, soviel du willst.« Da nahm der Maurer den Esel, dankte der schönen Frau und ging heim.
Weil es aber anfing, dunkel zu werden, mußte er in demselben Wirtshaus einkehren. Er ließ auftragen, was sein Herz begehrte, und als er gegessen und getrunken hatte, ließ er sich ein Bettuch geben, nahm den Esel in sein Zimmer und stellte ihn darauf. Da spie der Esel ihm Geld, bis er ihn wegtat. Die Wirtin aber hatte durchs Schlüsselloch alles mitangesehen, und als der Maurer schlief, schlich sich der Wirt zu ihm, nahm ihm den Goldesel fort und stellte einen gewöhnlichen Esel hin.
Am frühen Morgen machte sich der Maurer vergnügt auf den Weg, kam nach Hause und rief seiner Frau schon von weitem zu: »Heute bringe ich etwas mit, das ist besser als alle Zaubergerten! Breite ein Bettuch aus, so wirst du etwas sehen, was du noch nie gesehen hast!«
Die Frau tat, wie ihr Mann sie geheißen. Als aber der Mann den Esel aufs Bettuch stellte, spie der Esel kein Geld, und

der Maurer kratzte sich im Haar und dachte: »Wie geht das nur zu? Gewiß haben mir der Wirt und seine Frau einen schlimmen Streich gespielt.« Da seine Frau nun anfing zu weinen, sprach er: »Sei nur still! Ich muß eben noch einmal mein Glück versuchen.«

So ging er denn wieder fort, und als er auf den Berg kam, war die schöne Frau noch da und sprach: »Du hast auch den Goldesel verloren, ich weiß es. Dieses eine Mal will ich dir noch helfen; es ist aber das letzte Mal. Nimm diese Knüppelchen, und wenn du sprichst: ›Knüppelchen mein, schlagt zu‹, so schlagen sie so lange darauf los, bis du ihnen zurufst: ›Knüppelchen mein, gebt Ruh!‹«

Der Maurer nahm die Knüppelchen, dankte der schönen Frau und dachte: »Damit kann ich meine Zaubergerte und den Goldesel wiedererlangen. Vorher aber will ich einmal selbst ihre Kraft versuchen. Knüppelchen mein, schlagt zu!« Alsbald schlugen die Knüppelchen so kräftig auf seinem Rücken herum, daß er gleich wieder rief: »Knüppelchen mein, gebt Ruh!«, und gleich wurden die Knüppelchen wieder ruhig.

Abends kam der Maurer in dasselbe Wirtshaus, und der Wirt und die Wirtin sprachen untereinander: »Da kommt derselbe Maurer noch einmal und bringt gewiß wieder ein Zauberstück mit.«

Der Maurer aber rief: »Knüppelchen mein, schlagt zu!«, und die Knüppelchen fuhren auf den Wirt und seine Frau los und prügelten sie wacker durch. Die beiden fingen an zu schreien: »Nimm doch die Knüppelchen wieder von uns!«

Der Maurer aber antwortete: »Nicht eher, als bis ihr mir meine Zaubergerte und meinen Goldesel wieder herausgebt!« Da liefen sie hin und holten die Gerte und den Esel, und der Maurer rief: »Knüppelchen mein, gebt Ruh!«, und alsbald hörten die Knüppelchen auf zu schlagen.

Am frühen Morgen machte sich der Maurer wieder auf

den Weg nach Haus. Als ihn seine Frau kommen sah, rief sie ihm entgegen: »Bringst du uns schon wieder einen schmutzigen Esel, der mir die ganze Stube übel zurichtet? Ich wollte doch, du kämst gar nicht wieder!«
»Knüppelchen mein, schlagt zu, aber nicht zu stark!« sprach der Mann darauf, und die Knüppelchen prügelten die Frau, bis sie zur Besinnung kam und der Mann ihnen gebot einzuhalten. Die Frau aber deckte still den Tisch, wie ihr Mann sie es tun hieß, und dann schlug er mit der Gerte darauf. »Befiehl!« antwortete die Gerte. Da wünschte der Mann sich ein schönes Mittagessen für sich und seine Familie, und alsbald stand alles da, und sie aßen vergnügt miteinander. Nach dem Essen sprach der Maurer: »Nun breite ein Bettuch aus, liebe Frau!« Das tat sie, und als er den Esel daraufstellte, spie das Tier so viel Geld, als sie nur wollten. Da lebte der Maurer mit seiner Familie herrlich und in Freuden, und es mangelte ihnen an nichts.
Die Nachbarn aber wurden neidisch, als sie das Glück des Maurers sahen, liefen zum König und sprachen: »Königliche Majestät, da ist ein Maurer, der ist bisher immer Hungers gestorben, und jetzt ist er auf einmal ein reicher Mann geworden. Das geht nicht mit rechten Dingen zu!«
Da schickte der König seine Diener aus, die sollten den Maurer zu ihm bringen. Der Maurer aber sprach: »Knüppelchen mein, schlagt zu!« und ließ sie alle durchprügeln. Die Diener liefen zum König zurück und klagten ihm, der Maurer habe sie alle durchprügeln lassen. Der König wurde zornig, versammelte seine Soldaten und zog mit ihnen vor das Haus des Maurers. Der war unterdessen ein wenig spazierengegangen und hatte einen Mann getroffen, der trug ein dreieckiges Hütlein, das war gar sonderbar anzuschauen.
»Was du für ein sonderbares Hütlein hast!« rief der Maurer.
»Ja«, sagte der Mann, »mein Hütlein hat aber eine Tugend!

Wenn ich dran drehe, so schießt es aus allen drei Ecken, und niemand kann mir dann widerstehen.«
Da sprach der Maurer: »Und ich habe ein paar Knüppelchen, wenn ich zu denen sage: ›Knüppelchen mein, schlagt zu‹!, so prügeln sie die Leute durch, bis ich sie zurückrufe und spreche: ›Knüppelchen mein, gebt Ruh!‹ Weißt du was? Wir wollen um meine Knüppelchen und um dein Hütchen spielen. Wer gewinnt, soll beides haben.«
Da spielten sie drum, und der Maurer gewann, nahm das Hütlein und ging vergnügt heim.
Kaum war er nach Haus gegangen, so kam der König mit seinen Soldaten und wollte ihn gefangennehmen. Er aber drehte sein Hütlein herum, daß es aus allen drei Ecken schoß und die Soldaten alle totmachte. Da der König sah, wie unbezwingbar der Maurer war, versprach er, ihn in Ruhe zu lassen, und der Maurer setzte sein Hütlein fest und sprach: »Wenn Ihr mich ungestört lasset, so verspreche ich Euch, daß ich Euch jedesmal mit meinem Hütlein und meinen Knüppelchen zu Hilfe kommen will, wenn Ihr in den Krieg müßt.«
Von da an lebte der Maurer ungestört ein herrliches Leben, und wenn ein Krieg ausbrach, kam er dem König zu Hilfe, also daß der König stets siegte. So blieben sie reich und getröstet. – Wir aber sind hier sitzen geblieben.

[Märchen aus Sizilien]

Der Arme und der Reiche

Es lebten einst zwei Brüder. Der eine war sehr reich und der andere sehr arm.
Einmal, als der Arme für seinen reichen Bruder die Garben auf dem Felde bewachte und gerade bei einem Schober saß, sah er eine weiße Frau. Sie las die Ähren auf, welche auf dem Feld liegengeblieben waren, und steckte sie in die Garben. Als sie bis zu dem armen Bruder gekommen war, faßte dieser sie bei der Hand und fragte: »Wer bist du, und was tust du da?«
»Ich bin deines Bruders Glück und lese die verlorenen Ähren auf, damit er mehr Weizen hat«, antwortete sie.
»Und wo ist mein Glück?« fragte der Arme.
»Gegen Osten«, sprach die weiße Frau und verschwand.
Da nahm sich der Arme vor, in die Welt zu gehen und sein Glück zu suchen.
Als er eines Tages am frühen Morgen aufbrach und eben sein Haus verlassen wollte, sprang die Not hinter dem Ofen hervor und weinte und bettelte, daß er sie mitnehmen möge. »O nein«, sagte der Arme, »du bist zu schwach, und der Weg ist lang; du würdest nicht ans Ziel gelangen. Aber hier habe ich ein leeres Fläschchen! Mach dich klein und kriech hinein; ich werde dich tragen.« Die Not kroch in das Fläschchen, und der Arme beeilte sich, es gut zu verschließen. Als er unterwegs zu einem Sumpf kam, nahm er das Fläschchen aus der Tasche und steckte es in den Schlamm; so wurde er die Not los.
Nach einiger Zeit kam er in eine große Stadt. Er fand dort gleich einen Herrn und mußte einen Keller für ihn graben.

»Lohn werde ich dir keinen geben«, sagte der Herr, »aber das, was du beim Graben findest, soll dir gehören.«
Als der Arme einige Zeit gegraben hatte, fand er einen Klumpen Gold. Obwohl er ihm allein gehört hätte – denn er bekam ja keinen Lohn –, gab er seinem Herrn die Hälfte davon ab und grub weiter. Schließlich gelangte er an eine eiserne Tür, und als er sie öffnete, war da ein unterirdisches Gewölbe, darin lagen unermeßliche Schätze. Auf einmal hörte er aus einer Truhe, die im Winkel stand, eine Stimme rufen: »Öffne mir, Herr, öffne mir!« Er hob den Deckel in die Höhe, und aus der Truhe sprang eine schöne Jungfrau, welche ganz weiß war. Sie verneigte sich vor ihm und sprach: »Ich bin dein Glück, das du so lange gesucht hast. Von nun an werde ich mit dir sein und mit deiner Familie.« Hierauf verschwand sie. Er aber teilte seinen Reichtum wiederum mit seinem Herrn, blieb trotzdem noch ungeheuer reich, und sein Vermögen vermehrte sich von Tag zu Tag. Er vergaß aber niemals, daß er vordem selber arm gewesen war, und tat den Armen viel Gutes.
Eines Tages, als er in der Stadt spazierenging, traf er seinen Bruder, der in Geschäften hergereist war. Er nahm ihn mit zu sich nach Hause und erzählte ihm ausführlich seine Erlebnisse: Wie er das Glück des Bruders auf dessen Feld habe Ähren lesen sehen, wie und wo er sich seiner Not entledigt habe und wie ihm später sein eigenes Glück begegnet sei. Er behielt den Bruder einige Tage zu Gast, gab ihm dann viel Geld mit auf den Weg und viele Geschenke für Frau und Kinder und nahm in Freundschaft von ihm Abschied.
Der Bruder war aber unaufrichtig und neidete dem anderen sein Glück. Auf dem Heimweg dachte er beständig darüber nach, wie er ihm wieder die alte Not schicken könne. Und als er zu jenem Sumpf kam, wo das Fläschchen im Schlamm stak, suchte er so lange, bis er es gefunden hatte. Er öffnete es, und im selben Augenblick sprang

die Not heraus. Vor seinen Augen wachsend, tanzte sie freudig um ihn herum und umarmte und küßte ihn. Sie dankte ihm dafür, daß er sie aus ihrem Gefängnis befreit hatte, und rief: »Dafür werde ich dir immer dankbar bleiben und dich und deine Familie nie mehr verlassen!«
Vergebens versuchte der Neidische, sich die Not vom Halse zu schaffen und sie zu ihrem ersten Herrn zurückzuschicken. Es gelang ihm auf keine Weise, sie loszuwerden. Er konnte sie nicht verkaufen und nicht verschenken, weder vergraben noch ertränken, immer blieb sie ihm auf den Fersen: Die Waren, die er mit sich führte, nahmen ihm unterwegs Räuber weg; als er bettelnd heimkam, fand er dort statt seines Gehöftes einen Haufen Schutt und Asche, und das Wasser hatte ihm die Ernte vom Feld geschwemmt. So blieb dem neidischen Bruder am Ende nichts als die Not.

[Märchen der Ruthenen]

Die Wunschfrauen
⚜ ⚜ ⚜ ⚜

Es wohnte am Wald ein armer Holzarbeiter mit seiner jungen Frau. Die beiden waren glücklich trotz ihrer Armut. Ihre Freude war groß, als sie ein hübsches, gesundes Mädchen bekamen. Der Mann hackte die Bäume mit so großer Kraft, daß es weit zu hören war, so sehr freute er sich.
In einer stillen Mondnacht trat eine feine, schön gekleidete junge Frau an die Wiege des Mädchens. Sie stand eine Weile still und beobachtete das schlafende Kind. Dann nahm sie eine kostbare Perle und legte sie auf das Kissen. Sie küßte das Kind und ging hinaus. Am Morgen sah die Mutter die wunderschöne Perle und sagte voll Freude zu ihrem Mann: »Sieh doch, das ist die Glücksperle! Ich glaube, heute nacht hat die Glücksfee unser Kind besucht. Hoffentlich wird unser Kind im Leben Glück haben.«
In der nächsten Nacht schien der Mond hell ins Fenster, und es kam eine Frau, die war blaß und trug ein dunkles Kleid. Sie trat an die Wiege und betrachtete das schlafende Kind. Sie beugte sich darüber und weinte, seufzte dreimal und ging hinaus.
In der dritten Nacht war wieder heller Mondenschein. Die Sterne funkelten, und alles war friedlich. Da kam eine alte Frau am Stock zur Wiege des Mädchens gehumpelt. Sie blickte auf das hübsche schlafende Kind und sagte: »Es tut mir leid, daß ich zu dir gekommen bin. Ich mußte es tun.« Sie beugte sich über das Kind und küßte es. Dabei seufzte sie dreimal so laut und schwer, daß die Kleine darüber erwachte und anfing zu weinen. Da humpelte die Alte hinaus.

Die Mutter stand auf und beruhigte das Kind. Sie wiegte es in den Schlaf und dachte dabei, was das wohl sein könne: Sie hörte, wie jemand hart auftrat, konnte aber niemanden sehen.

Die Mutter war in Sorge, daß dem Kind etwas Schlimmes zustoßen könnte, und nahm sich vor, recht auf der Hut zu sein und es gut zu beschützen.

Das Mädchen wuchs zu einer schönen Jungfrau heran und war der Stolz ihrer Eltern. Die Nachbarn hatten sie gern, weil sie freundlich und fromm war, und alle jungen Burschen sahen sich nach ihr um. Jeden Tag brachte sie dem Vater das Mittagessen in den Wald und sang dabei und war fröhlich.

Eines Tages begegnete ihr ein fein gekleideter Reitersmann. Er war von ihrer Haltung und Schönheit so eingenommen, daß er vom Pferd stieg und sprach: »Was tust du hier, schöne Jungfrau?«

»Ich bringe meinem Vater das Essen«, antwortete sie.

»Du bist viel zu schade und viel zu schön, als daß du deine Jugend hier verbringen solltest. Willst du mit mir auf mein Schloß kommen und meine Frau werden und Königin sein? Ich werde dir schöne Kleider kaufen und goldene Ketten und Armringe. Willst du Prinzessin Adelgunde sein?«

»Ja«, sagte das Mädchen.

Darauf sagte der Königssohn: »Morgen komme ich mit meinem Wagen und hole dich ab. Wir fahren schöne Kleider kaufen, und dann bringe ich dich ins Schloß. Da wird meine Mutter, die alte Königin, sich freuen!« Er küßte sie, stieg aufs Pferd und ritt fort.

Das Mädchen kommt nach Hause und erzählt voller Freude von seinem Glück. Die Mutter hört zu und holt aus einem Kästchen die kostbare Perle. Die schillert im Sonnenschein. Sie gibt sie dem Mädchen und sagt: »Das ist deine Glücksperle. Ich wünsche dir, daß du glücklich wirst. Aber das Glück ist so zerbrechlich wie Glas!«

Der Königssohn holte seine Prinzessin ab und brachte sie in die Stadt. Dort ließ er sie aufs feinste und beste einkleiden. Da sah sie so schön aus, daß weit und breit keine Schönere zu finden war. Auch die alte Königin freute sich über die Prinzessin Adelgunde und hieß sie willkommen, küßte sie und führte sie in ihre Kammern.
Bald wurde Hochzeit gefeiert, und jeder, der zur Hochzeit kam, sagte: »Die junge Königin ist die Schönste auf Erden!«
Der König war mit seiner Königin sehr glücklich. Der Koch kochte noch einmal so gut, und die Mägde taten ihre Arbeit noch einmal so gern, weil die Königin so freundlich zu ihnen war.
Der König mußte viel verreisen und war auch längere Zeit in ein anderes Land gefahren. Die Königin fühlte sich einsam. Sie sehnte sich nach ihrem Mann und weinte viel.
Erst als ihr ein kleiner Prinz geboren wurde, war sie wieder glücklich. Der Prinz wuchs und gedieh gut, und der König hatte große Freude an ihm. Die Königin liebte ihr Kind sehr, und der König merkte, daß sie es lieber hatte als ihn. Er wurde eifersüchtig und ärgerte sich darüber und machte der Königin heftige Vorwürfe.
Weil die Königin ein mitleidiges Herz hatte, ließ sie keinen Bettler, der ins Schloß kam, ohne Essen weggehen und gab ihnen auch Kleider oder ein wenig Geld. Das konnte der König gar nicht leiden und sagte einmal zu ihr: »Treffe ich dich wieder einmal an, daß du dieses Gesindel füttern läßt oder ihnen etwas zusteckst, so jage ich dich mit ihnen vom Schloßhof!«
Eines Tages kam eine junge Frau mit ihrem Kind auf dem Arm und bat um Hilfe von der Königin. Diese ließ ihnen zu essen geben und schenkte ihr noch Geld. Da kam gerade der König in den Schloßhof geritten. Er wurde wütend, daß die Königin seinem Gebot nicht gehorchte, und sagte: »Jetzt geh auch du mitsamt deiner Brut vom

Schloß!« Die Königin bettelte, er möge ihr verzeihen, denn sie habe es aus Mitleid getan. Aber der König wollte nicht. Da packte die Königin ihre Sachen, nahm das Kind an die Hand und ging aus dem Schloß. Die Dienerinnen und alle im Schloß weinten beim Abschied und wünschten ihr alles Gute.
Die junge Königin ging zu ihren Eltern zurück. Dort wurde sie freundlich aufgenommen. Die Mutter sagte: »Mein Kind, du bist sehr hoch gestiegen, weil dir das Glück hold war. Jetzt bist du tief ins Elend gefallen. Das Glück ist wie eine Gaukelei. Es ist so zerbrechlich wie Glas und so flüchtig wie Wolken, die vorüberziehen.«
[Märchen aus Preußen]

Das Märchen von den drei Junggesellen, welche ausgingen, ihr Glück zu suchen

Es waren drei Junggesellen, drei arme Schlucker, welche eines Morgens aus der Schenke auszogen, wo sie eben den letzten Heller verzehrt hatten. Bei ihnen allen hatte sich die Ebbe im Beutel zugleich eingestellt, denn sie waren auch immer zugleich mit der Flut gesegelt.
»Was wollen wir denn nun anfangen?« war die Frage, welche sie einstimmig aneinander stellten.
»Ich«, fing der eine an, »weiß nichts mehr hier zu tun; drum will ich ausgehen und mein Glück versuchen.«
»Das können wir beide ja auch«, war die Antwort der beiden anderen. »Gehen wir alle drei zusammen!« Bei dem Versuch war freilich für sie nichts zu verlieren. Drum machten sie sich alle miteinander auf und gingen vergnügt zum Tor hinaus. Sie hatten vom Wirt jeder eine Flasche Wein und ein Brot geborgt. »Ehe beides verzehrt sein wird«, dachten sie, »werden wir wohl das Glück gefunden haben.«
Fröhlich wanderten sie den ganzen Tag fort. Wo sie eine Taube sahen, sperrten sie den Mund auf in der Hoffnung, daß sie hineinfliegen werde. Glänzte ein Stück Glas im Sonnenschein, so hielten sie es immer für ein Goldstück. In einem Feld, wo sie viele Gläschen hatten schimmern sehen, steckten sie sich die Taschen voll im Glauben, daß sie am folgenden Tag in Juwelen verwandelt sein würden. Als sie in weiter Ferne einen Turmknopf wie Feuer leuchten, einen See wie einen Spiegel schimmern sahen, eilten sie mit allem Vertrauen darauf los, nun im Reich der Feen angekommen zu sein.

Als es Abend war, befanden sie sich in einem engen Wiesental, welches auf beiden Seiten von düsterem Gehölz umschlossen war. Sie setzten sich auf den Rasen nieder, um da die Nacht und den folgenden Morgen zu erwarten. Schon stieg der Mond hinter den schwarzen Bäumen herauf, als jeder mit seinem Vorrat zu Ende war. Eben wollten sie sich zum Schlafen niederlegen, als sie drei schöne Mädchen aus dem Wald kommen und auf sich zu wandeln sahen. Sie riefen den Mädchen ein fröhlich Willkommen zu: »Woher noch so spät, wohin noch in der Nacht?«
»Ihr seid schlecht logiert, meine Herren!« antwortete die Größte.
»Uns ist es gut genug«, erwiderten jene, »wenn Ihr Euch entschließen könnt, das Nachtquartier mit uns zu teilen!«
»Wir bleiben nur bei Männern, welche uns heiraten wollen. Seid Ihr des zufrieden, so bleiben wir. Wir kommen nicht ohne Morgengabe! Die Gewährung eines Wunsches ist es, was wir in die Ehe bringen. Jeder von Euch kann verlangen, was sein Herz begehrt. Wir werden's ihm gewähren, aber dann muß er auch unser sein.«
»Darauf können wir uns schon einlassen! Wir sind alle drei noch Junggesellen und ausgegangen, unser Glück zu versuchen. Wagen wir es einmal miteinander! So will ich denn wünschen, wenn du mit mir zufrieden bist, reizende Blondine!« sagte Hans. Er hatte ihre Hand ergriffen und begann:

»Der schönste Glanz strahlt aus dem Gold,
drum einen Beutel wünsch ich mir,
der immer voll sei für und für;
er sei der süßen Minne Sold.«

Sie erwiderte ihm sogleich:

»Den Beutel wirst du doch wohl finden,
hältst ihn ja schon in deinen Händen.«

Und siehe da, er hatte den Beutel in der Hand! Er griff hinein und zog eine Handvoll Dukaten heraus. Er tat einen anderen Griff, und der Beutel wurde nicht leichter, tat noch einen dritten und vierten, er blieb immer voll.
»So will ich denn auch einen Wunsch tun«, sagte der zweite und begann:

> »Was eilt wie der Gedanken Flug?
> Ein flinkes Stiefelpaar gib mir,
> das mich, wohin ich wünsche, führ
> in eines Augenblickes Zug.«

Ebenso schnell antwortete die zweite:

> »Die Stiefel soll mein Liebster haben,
> um durch die Wolken selbst zu traben.«

Sie hatte kaum ausgesprochen, so hatte er ein Paar gewaltiger Stiefel an den Beinen. »Die will ich gleich versuchen«, sagte er:

> »So wünsch ich mich im Augenblick
> in unsre Schenke jetzt zurück,
> kehr wieder gleich mit voller Flasche
> und einem Brot in jeder Tasche.«

Und im Nu war er weg. Da fing der dritte an:

> »Wer ist's, der nicht den Helden liebt?
> Ich wünsch ein silbern Horn mir drum,
> das, blas ich drein, mich um und um
> mit tausend Kriegern flugs umgibt.«

Schnell entgegnete ihm das kleinste unter den Mädchen:

> »Schau, an der Brust hängt es dir schon!
> Drum gib mir auch den Minnelohn!«

Wahrhaftig, er hatte das Horn an der Brust! Als er es aber versuchen wollte, kam der zweite zurück. In jeder Hand hielt er eine große Flasche, unter jedem Arm hatte er ein Brot, und seine Taschen waren mit Schinken und Käse gefüllt. »Die Bezahlung«, sagte er, »sind wir dem Wirt schuldig. Ich vergaß es, einen Dukaten von dir zu fordern, als ich abreiste.«
Sie waren alle herzlich vergnügt, wie man sich denken kann, und taten sich gütlich mit den Mädchen. Der Mond schien noch einmal so freundlich herabzublicken als sonst, und ehe sie daran dachten, erwachten sie am hellen Morgen, ohne zu wissen, wie sie eingeschlafen waren.
»Welch einen schönen Traum ich gehabt habe!« sagte der eine, als er sich die Augen ausrieb.
»Warum mußt du mich aber auch wecken?« warf ihm der andere vor. »Der meine war gewiß noch schöner!«
»Was soll denn der Lärm?« rief der dritte und richtete sich auf. »Ihr bringt mich um den herrlichsten Traum!«
Sie erklärten sich endlich, und als sie sich eben über dem Streit, wer am schönsten geträumt habe, in die Haare fahren wollten, sah der eine den Beutel, der andere die Stiefel und der dritte das Horn zu seinen Füßen liegen. »So müssen wir denn doch etwas Wahres geträumt haben«, sagte der erste, und die anderen widersprachen ihm nicht. Die Probe, welche er mit dem Beutel machte, genügte ihnen, um der Eigenschaften ihrer Geschenke gewiß zu sein. Getrosten Mutes machten sie sich daher auf und zogen nach Rom. Auf dem Weg bezahlte stets der mit dem Beutel. Wenn sie den Weg nicht wußten, so wünschte sich der mit den Stiefeln auf einen Berg hinauf, von dem er das Land überschaute, und brachte alsbald Kunde. Wurden sie von Räubern angegriffen, so blies der dritte in sein Horn, und sie zogen sicher ihren Weg.
Sie kamen endlich an in Rom und ließen es sich recht wohl da sein. Lange blieben sie daselbst, bis es dem Hans mit

dem Beutel nicht mehr behagte. Er nahm von seinen Gefährten Abschied und dachte nun auch die Welt zu sehen, da er das erste Erfordernis dazu, Geld, im Überfluß besaß. Den beiden anderen gefiel es zu wohl da. Der eine ließ sich vom Papst gegen die Türken gebrauchen, die er schlug, wo sie ihm in den Weg kamen. Der zweite machte den Spion in den Staatsräten und Schlafzimmern der Könige und wurde für seinen Dienst reichlich belohnt. Nur Hans mit dem Beutel lebte auf seine eigene Faust. Er reiste lange in der Welt umher und zog überall die Aufmerksamkeit der Leute durch seine Verschwendungen auf sich. Endlich kam er auch an den Hof der Königin von Spanien, welche damals Witwe war. Sie liebte das hohe Spiel sehr. Wie Hans aber konnte keiner verlieren, und darum spielte sie am liebsten mit ihm. Er verlor immer, aber das kümmerte ihn nicht. Soviel er ja auch aus seinem Beutel nahm, so wurde er doch nie leer. Das bemerkte die Königin und fragte ihn einst, woher er denn sein vieles Geld bekomme. Er sagte ihr aber die Wahrheit nicht, sondern half sich mit Ausflüchten, welche die Königin immer begieriger machten. Sie setzte es sich in den Kopf, sein Geheimnis zu erfahren, und sollte es auch kosten, was es wolle. Damals wußten die Frauen schon so gut wie heutzutage, daß sie mit den Männern machen können, was sie wollen. Sie stellte sich daher, als ob sie seine Liebe zu ihr begünstigte, und seufzte, wenn er sie so schmachtend ansah. Das gab ihm Mut, ihr endlich ein Geständnis zu machen und sie um Erhörung anzuflehen. »Ich kann keinen Geliebten dulden«, antwortete sie ihm mit Tränen in den Augen, »der ein Geheimnis vor mir hat. Die Liebe hat ihre Launen, und die meinige hat die Schwachheit, wissen zu wollen, woher du dein vieles Geld erhältst.« Nach diesem Geständnis konnte er nicht mehr widerstehen; er gestand ihr sein Geheimnis mit dem Beutel. »Der Beutel ist eine Krone wert«, sagte

sie ihm. »Bringst du ihn mir zur Morgengabe, so sollst du mein König sein.«
Das war freilich eine zu große Versuchung. Er willigte sogleich ein und bat sie, ihm nur gleich, ehe die feierliche Vermählung vonstatten gehen könne, die Rechte des Gatten zuzugestehen. Sie nahm den Beutel und versprach, die künftige Nacht für ihn allein dazusein. Wer war glücklicher als Hans ohne Beutel? Kaum konnte er die Nacht erwarten. Als sie angebrochen war, machte er sich auf und ging dreist zum Zimmer der Königin. Aber statt ihn einzulassen, empfingen ihn die Wachen, auf ihren Befehl, mit tüchtigen Prügeln und warfen ihn zum Palast hinaus.
Da hätte er sich freilich den Kopf an die Wand stoßen mögen, wenn es nur etwas geholfen hätte. Traurig wanderte er fort und kam, nachdem er mancherlei Ungemach ausgestanden hatte, wieder in Rom bei seinen Gefährten an.
Er erzählte ihnen sein Unglück. »Hochmut kommt vor dem Fall«, »Die die ersten sein wollen, werden die letzten sein« und manches andere Sprichwörtchen mußte er geduldig anhören und tat es stille, bis sie ihre Vorwürfe über seine Torheit endlich erschöpft hatten. Da sagte er: »Aber das Unglück ist nicht so groß, wenn mir Jobst nur auf einen einzigen Tag seine Stiefel leihen wollte. Ich bin gewiß, damit meinen Beutel wiederzuerhalten.« Jobst ließ sich's nach langem Bitten endlich gefallen, sie ihm zu borgen, empfahl ihm aber alle mögliche Vorsicht damit.
Hans war in einem Augenblick in dem Zimmer der Königin von Spanien. »Wo kommst du her?« rief diese, als sie ihn sah.
»Aus den Wolken, um meinen Beutel von dir zu holen, niederträchtiges Weib!«
»Warum bist du mir denn entflohen? Ach, ich harrte deiner so sehnlich! Die ganze Nacht schloß ich kein Auge. O wie glücklich bin ich, dich wieder zu besitzen! Aber wie bist du denn hier hereingekommen?«

Welcher Mann glaubt nicht, wenn sich eine Frau bei ihm entschuldigt? So ließ sich auch Hans leicht überreden, daß sie unschuldig sei. Als sie ihm zärtlich tat, ihm in die Wangen kneipte, ihn sogar küßte, wurde es ihm warm, daß er sie die Stiefel selbst versuchen ließ. Ein Nu, so war sie weg und das Zimmer voll Soldaten, die, von ihr beordert, ihn hinauswarfen, nachdem sie ihn vorher recht tüchtig durchgeprügelt hatten.

Wie sollte er nun wieder nach Rom zurückkehren, da er die Stiefel verloren hatte, welche ihm nicht einmal gehörten? »Aber das Horn«, tröstete er sich, »ist noch vorhanden. Mit den tausend Kriegern will ich die treulose Königin schon strafen. Wenn mir nur Klaas sein Horn leiht!«

Ich sage nichts von den Vorwürfen, die ihm Jobst machte, als er wieder in Rom ankam. Aber es ist natürlich, daß er sich mit ihm vereinigte, Klaas zu bitten, er möchte ihm doch das Wunderhorn borgen. Dieser ließ sich endlich überreden, und Hans zog getrost aus mit dem Horn. Als er der Hauptstadt der Königin nahekam, blies er hinein. Ein Stoß, und er war mit tausend Kriegern umgeben; ein zweiter, und es standen andere Tausende da; ein dritter und vierter, und eine furchtbare Heeresmacht füllte das ganze Tal.

Mit dieser Armee zog er vor die Tore und forderte die Stadt zur Übergabe auf. Als es die Königin erfuhr, setzte sie sich auf einen Zelter und ritt mit ihrem ganzen Hofstaat dem fremden Helden entgegen. Sie erkannte ihn gleich auf den ersten Blick, und sogleich war auch die Larve wieder vorgenommen. Traurig senkte sie ihr Haupt und empfing ihn mit den Worten: »Nicht nur diese Stadt, fremder Held, sondern mein ganzes Königreich könnt Ihr haben, denn seit das ungerechte Geschick mir meinen Geliebten zum zweiten Mal geraubt hat, gibt es doch für mich keine Freuden mehr im Leben.«

Dem guten Hans wurde bei diesen Worten ganz wehmütig ums Herz, und als sie dann, ihn endlich erkennend, vor Freude in Ohnmacht zu fallen schien, war sie gänzlich bei ihm entschuldigt. Nun hatte er kein Geheimnis mehr vor ihr; er ließ sie selbst in das Wunderhorn blasen. Im Augenblick standen seine Krieger auf ihrer Seite und andere neue Tausende noch dazu. »Du mußt ein klügerer König sein, wenn du um eine Königin freien willst!« lachte sie ihm ins Gesicht und kehrte in die Stadt zurück. Da stand Hans wie vom Blitz getroffen. Nun hatte er auch das Horn verloren und keine Hoffnung mehr, es je wieder zu erhalten. In der Verzweiflung faßte er den Entschluß, geradezu feldeinwärts zu gehen, wo ihn auch immer der Zufall hinführen würde. Das tat er, bis er entkräftet unter einem Baum niedersank und einschlief.

Solange er sich noch gesättigt fühlte, hatte er den Entschluß gefaßt, keine Speise mehr zu sich zu nehmen, sondern den Tod zu erwarten. Nun da er geschlafen hatte und die Sonne so heiter am Himmel stand und der Hunger anfing, ihn zu quälen, da streckte er sich und rief aus: »Ein gescheiter Kopf muß sich zu helfen wissen!« Und damit stieg er auf den Feigenbaum hinauf, unter welchem er geschlafen hatte, um von dessen Früchten zu pflücken. Er ließ sie sich herzlich wohlschmecken und ging sodann an den nahen Bach, um seinen Durst zu stillen. Aber wie groß war sein Schrecken, als er sein Bild im Wasser mit zwei gewaltig großen Ohren geschmückt sah! Schnell fuhr er mit den Händen an den Kopf, um zu fühlen, ob es nicht Täuschung sei. Aber er hatte sich nur zu schnell überzeugt, daß ihn Midas' Schicksal ereilt hatte, ohne daß ihm darum auch dessen Schätze zuteil geworden wären. »Ich verdiene ja Eselsohren«, sagte er zu sich selbst, »denn ich habe wie ein Esel gehandelt.« Und mit diesem Trost machte er sich auf und ging den Bach entlang, in welchem er die Entdeckung gemacht hatte. Die Hitze des Mittags

nötigte ihn aber, bald Schatten zu suchen, welchen er wieder unter einem Feigenbaum fand, der voll der schönsten Früchte hing. Er pflückte welche und aß. Als er sich eben aufmachen und seine Ohren vorher unter der Mütze verbergen wollte, fühlte er, daß sie verschwunden waren. Nun ging's ihm helle auf: Der erste Feigenbaum hatte ihm die Ohren gegeben, der zweite sie ihm wieder genommen. Da dachte er: »Dies ist vielleicht das Mittel, mich selbst fortzubringen in der Welt.« Er pflückte daher von diesem Baum so viele Feigen, wie er tragen konnte, und suchte dann den andern auf. Hier nahm er ebenso viele Früchte und eilte damit in die Stadt zurück.
Es war gerade eine Jahreszeit, wo die Feigen eine große Seltenheit waren. Er setzte sich mit einem Körbchen dieser Früchte vom ersten Baum unter das Tor des königlichen Palastes. Nicht lange, so ging einer der Junker des Hofes vorüber und sah die Feigen. »Der seltene Bissen«, sagte er, »wird die Königin erfreuen«, und kaufte sie, so teuer er sie auch immer bezahlen mußte.
Des Mittags wurden die Feigen auf die Tafel der Königin gestellt. Sie freute sich höchlichst über die schönen Früchte, gab jeder von ihren liebsten Damen einige derselben und verzehrte die übrigen alle selbst. Aber kaum hatten sie die Feigen gegessen, so sah jede an der anderen den Kopfputz. Die Königin hatte die allerlängsten Ohren erhalten, weil sie die meisten Früchte zu sich genommen hatte. Man denke sich den Schrecken der Frauen. Keine hatte es anfangs der anderen glauben wollen, aber der Spiegel, der ihnen sonst so manche Lüge vorgesagt hatte, überzeugte sie von der traurigen Wahrheit.
Alle Ärzte von ganz Spanien rief man zusammen. Die neuen Ohren wurden mit allen möglichen Vergrößerungs- und Verkleinerungsgläsern betrachtet. Es wurden dicke Bände über die Kurmethode geschrieben, aber niemand verstand die seltsame Krankheit zu heilen. Eine der Hof-

damen ließ sich die Eselsohren abschneiden, aber es kamen gleich wieder andere. Man suchte diesen Kopfputz zur Mode zu machen, aber niemand ahmte ihn nach. Es war eine unbeschreibliche Bestürzung am ganzen Hof. Hans nur hatte seine Herzensfreude daran. »Das ist ein neues Glück«, sagte er bei sich, »das mir meine gütige Fee zugeschickt hat. Es muß mir wieder zu dem Meinen helfen.«
Er ging zu einem sehr wenig bekannten Arzt und eröffnete diesem, daß er das Geheimnis besitze, die Ohren zu heilen. Er fürchte aber, man möchte ihn kaum die Kur versuchen lassen, welche schon so vielen berühmten Ärzten mißlungen sei. Er bat ihn daher, ihm ein orientalisches Kleid machen zu lassen, daß er als Araber auftreten und als Fremder den Glauben finden könne, der einem armen Landesgeborenen nur selten im Vaterland zuteil werde. Der Arzt ließ sich durch die Aussicht des großen Gewinns überreden.
Hans ging mit einer Tasche voll Feigen an den Hof. Der erste Versuch, den er mit einer Hofdame machte, gelang äußerst glücklich. Das erregte großes Aufsehen. Die Königin ließ ihn gleich zu sich holen, führte ihn in ihre Schatzkammer und zeigte ihm da alle ihre Kostbarkeiten. Er erkannte gleich die drei Geschenke der Feen. »Wenn du mich von dem abscheulichen Übel befreien kannst«, sagte sie ihm, »so magst du wählen, was deinem Herzen genügt.«
Er gab ihr eine Feige, und siehe, ihre Ohren wurden schon um etwas kleiner. Voll Freude lief sie hinaus, um das ihren Damen zu zeigen. Während der Zeit nahm Hans seinen Beutel, hing das Wunderhorn um und zog die Stiefel an. Als die Königin wiederkam, stand er so vor ihr, nachdem er seinen Bart und sein orientalisches Kleid abgelegt hatte. Sie erkannte ihn sogleich, und er fing an:

»Gelingt's dem Weib auch siebenmal,
den Mann, der blind ist, zu betrügen,
am Ende wird er dennoch siegen,
das lerne du zu deiner Qual.
Die Ohren laß ich dir zurück.
Nach Rom, nach Rom im Augenblick!«

Damit verschwand er aus ihren Augen und kam wieder bei seinen Gefährten an, welche schon an seiner Rückkehr gezweifelt hatten.

[Märchen aus Italien]

Das blaue Band

❧ ❧ ❧ ❧

Es war einmal ein Mann, der war sehr arm und krank dazu. Als er fühlte, daß er sterben sollte, rief er seine Frau an sein Bett und sprach zu ihr: »Liebe Frau, ich fühle, daß es mit mir zu Ende geht. Nun würde ich ruhig und ohne Sorgen sterben, wenn ich nur wüßte, daß es dir und unserem Hans nach meinem Tode gutginge. Ich kann euch nichts hinterlassen, was euch vor Not schützen könnte, aber wenn ich gestorben bin, so geh du mit unserem Sohn zu meinem Bruder, der jenseits des großen Waldes in einem Dorf wohnt. Er ist ein wohlhabender Mann, und er ist immer brüderlich gegen mich gesinnt gewesen; er wird sicher für euch sorgen.« Darauf starb der Mann, und als er begraben war, begab sich die Frau mit ihrem Sohn auf den Weg zu dem Bruder, wie es der Mann ihr geraten hatte.
Die Mutter haßte ihren Sohn aus tiefstem Herzen und war ihm feind auf jede Weise. Hans aber war ein guter Junge und beinahe erwachsen.
Als sie eine gute Strecke gegangen waren, lag da ein blaues Band am Wege. Hans bückte sich und wollte es aufheben, aber die Mutter sprach: »Laß doch das alte Band liegen. Was willst du damit?«
Hans dachte aber: »Es wäre doch schade, wenn das schmucke Band hier liegen bliebe! Wer weiß, wozu es gut ist?« Also hob er es heimlich auf und band es sich unter seiner Jacke um den Arm, damit seine Mutter es nicht gewahr werde. Da wurde er mit einmal so stark, daß niemand ihm etwas antun konnte, solange er das Band trug, und alle ihn fürchten mußten.

Sie gingen weiter und kamen in den großen Wald. Nachdem sie lange darin herumgewandert waren, gelangten sie an eine Höhle. Darin stand ein gedeckter Tisch voll mit herrlichen Speisen in silbernen Schüsseln. »Da kommen wir just zur rechten Zeit«, sprach Hans, »mich hungert schon lange. Hier kann ich mich einmal tüchtig satt essen!«

Sie setzten sich nieder und aßen und tranken nach Herzenslust. Als sie eben gegessen hatten, kam der große Riese nach Hause, welchem die Höhle gehörte. Freundlich sprach er: »Das ist recht, daß ihr schon zugelangt und nicht erst auf mich gewartet habt! Wenn's euch hier gefällt, so könnt ihr gern für immer bei mir in der Höhle bleiben.«

Und zu der Frau sagte er noch, daß sie seine Frau werden könne. Die Mutter und Hans sagten ja dazu und lebten eine ganze Weile vergnügt bei dem Riesen im Wald. Der Riese gewann den Hans von Tag zu Tag lieber, aber seine Mutter haßte ihn noch immer, und als sie merkte, wie stark er geworden war, wurde sie noch grimmiger und sprach eines Tages zu dem Riesen: »Siehst du wohl, wie stark Hans ist? Er kann uns gefährlich werden, je älter er wird und je mehr er an Kräften zunimmt. Vielleicht jagt er uns eines Tages fort oder schlägt uns gar tot, damit er die Höhle für sich allein haben kann. Es wäre klug von dir, wenn du dich beizeiten vorsähest und ihn bei Gelegenheit beiseite schafftest.«

Aber der Riese antwortete: »Sprich mir doch nicht so etwas vor! Hans ist ein guter Junge und wird uns nichts zuleide tun. Ich werde ihm kein Haar krümmen. Das würde mir übel anstehen!«

Als die Frau sah, daß der Riese zu nichts Bösem gegen Hans zu bewegen war, legte sie sich am nächsten Tag aufs Bett und stellte sich krank. Dann rief sie ihren Sohn und sprach: »Ich bin so krank, daß ich gewiß sterben werde. Aber ein Mittel gibt es doch, daß mich retten könnte. Mir

hat geträumt, daß ich genesen würde, wenn ich von der Milch der Löwin, welche nicht weit von uns ihre Höhle hat, einen Trunk erhalten könnte. Wenn du mich liebhast, so könntest du mir helfen. Du bist stark und fürchtest dich nicht. Du könntest hingehen und mir etwas Milch holen.«
»Ja, liebe Mutter«, antwortete Hans, »das will ich gern tun, wenn ich nur weiß, daß es dir helfen wird.« Er nahm einen Napf und ging in die Höhle der Löwin. Die lag da mit ihren Jungen und säugte sie. Hans hob die Jungen vorsichtig auf und trug sie beiseite. Er molk die Löwin, und sie ließ es ruhig geschehen. Da aber kam der alte Löwe mit Gebrüll in die Höhle und fiel ihn von hinten an. Schnell wandte Hans sich um, nahm den Hals des Löwen unter den Arm und drückte ihn so fest an sich, daß der Löwe jämmerlich zu winseln begann und ganz zahm wurde. Da ließ Hans ihn frei, und der Löwe legte sich ruhig in einer Ecke nieder. Hans molk weiter, bis die Schale voll war. Als er darauf die Höhle verließ, sprang die Löwin mit ihren Jungen hinter ihm her, und bald folgte ihnen der alte Löwe nach. So kam Hans zu seiner Mutter zurück und brachte ihr die Milch. Sie erschrak aber so sehr vor den Löwen, daß sie rief: »Hans, bring die wilden Tiere hinaus, sonst sterbe ich vor Angst!« Da gingen die Tiere von selbst hinaus. Sie legten sich still vor der Tür nieder, und sobald Hans aus der Höhle trat, sprangen sie auf ihn zu und freuten sich.
Da der bösen Mutter dieser Anschlag nun mißlungen war, sprach sie alsbald zu dem Riesen: »Wärest du gleich meinem Rat gefolgt, brauchten wir Hans nicht mehr zu fürchten. Jetzt aber steht's noch schlimmer als früher, denn da er die wilden Tiere hat, werden wir ihm so leicht nichts anhaben können.«
Der Riese antwortete: »Ich weiß gar nicht, warum wir ihm etwas tun sollten. Hans ist gut und freundlich, und die Tiere sind zahm. Ich möchte nicht Hand an ihn legen.«

Aber die Mutter sprach: »Es könnte ihm doch leicht in den Sinn kommen, uns zur Höhle hinauszujagen oder gar totzuschlagen, um sein eigener Herr zu sein. Ich kann nicht glücklich sein, solange ich solches fürchten muß.«

Nach einiger Zeit legte die Frau sich aufs Bett und stellte sich wieder krank. Sie rief ihren Sohn zu sich und sprach: »Ich habe wieder einen Traum gehabt. Ich muß von den Äpfeln essen, die in dem Garten der drei Riesen wachsen, um zu genesen; sonst, fühle ich, werde ich sterben.«

»Liebe Mutter«, erwiderte Hans, »weil dir so große Not darum ist, will ich zu den Riesen gehen und dir die Äpfel holen.« Er nahm einen Sack und machte sich gleich auf den Weg, und die Löwen sprangen hinter ihm drein. Die böse Mutter aber dachte, daß er diesmal ganz gewiß nicht zurückkehren werde.

Hans ging geradewegs in den Garten der Riesen und pflückte seinen Sack voll Äpfel. Als er das getan hatte, aß er selber einige, fiel in einen tiefen Schlaf und sank unter dem Baum nieder. Das kam allein von den Äpfeln, welche diese Kraft hatten. Hätten nicht die treuen Löwen bei ihm gewacht, so wäre es sicher um ihn geschehen gewesen, denn sogleich stürmte ein Riese durch den Garten daher und rief: »Wer hat unsere Äpfel gestohlen?«

Hans schlief noch tief und antwortete nicht. Als der Riese ihn erblickte, lief er zornig auf ihn zu und wollte ihm den Garaus machen. Da sprangen die Löwen auf, fielen den Riesen an und hatten ihn in kurzer Zeit zerrissen. Nun kam der zweite Riese gelaufen und rief gleichfalls: »Wer hat unsere Äpfel gestohlen?« Er wollte sich auf Hans stürzen, doch die Löwen sprangen ihn an und rissen auch ihn in Stücke. Dem dritten Riesen erging es darauf nicht anders.

Nun erst schlug Hans die Augen auf und ging im Garten umher. Da kam er bald in die Nähe des Schlosses, wo die Riesen gewohnt hatten. Aus einer tiefen Kellerkammer drang eine klägliche Stimme. Er stieg hinab und fand eine wunderschöne Prinzessin. Die Riesen hatten sie ihrem Vater geraubt, hier eingesperrt und mit dicken eisernen Ketten angeschlossen. Hans aber faßte die Ketten kaum an, so sprangen sie entzwei. Er führte die schöne Prinzessin in die prächtigsten Zimmer des Schlosses hinauf. Dort sollte sie sich erquicken und warten, bis er wiederkomme. Sie bat ihn, mit ihr zu gehen an ihres Vaters Hof. Hans aber sagte: »Wir müssen noch eine Weile hierbleiben. Ich muß meiner Mutter erst die Äpfel bringen, denn sie ist sterbenskrank.«

So ließ Hans die Prinzessin auf dem Schloß, ergriff den Sack mit den Äpfeln und ging in die Höhle zu seiner Mutter zurück. Als sie ihn kommen sah, wollte sie sich fast totwundern, so staunte sie, daß ihm nichts geschehen war und er die Äpfel brachte. Sie fragte, wie er das alles habe durchstehen können. »Ja, liebe Mutter«, sprach er, »seit ich das blaue Band trage, das ich nicht hatte aufnehmen sollen, bin ich so stark, daß niemand mir etwas anhaben kann. Diesmal aber haben meine Löwen die Arbeit für mich getan und die Riesen getötet. Nun sollt Ihr diese alte Höhle aber verlassen und mit mir kommen. Wir wollen fortan in Herrlichkeit und Freuden in dem prächtigen Schloß leben. Ich habe dort eine wunderschöne Prinzessin gefunden; die soll bei uns bleiben.«

Die Mutter und der Riese zogen mit Hans auf das Schloß, aber als die böse Frau all die Pracht und Herrlichkeit gewahr wurde und sah, wie überaus schön die Prinzessin war, gönnte sie Hans sein Glück noch weniger als früher.

Tag für Tag lauerte sie auf eine Gelegenheit, Hans beizukommen, denn sie wußte ja nun, woher seine Kraft stammte.

Als Hans einmal in seinem Zimmer auf dem Bett lag, um zu ruhen, und sein Band an einem Nagel an der Wand über ihm hing, schlich sie sich leise zu ihm hinein und stach ihm, ehe er erwachte, die Augen aus. Dann nahm sie ihm das Band fort, stieß Hans, der nun blind und hilflos war, zum Schloß hinaus und sagte, von nun an wolle sie allein Herr darin sein.

Der arme Hans wäre bald verschmachtet, wenn nicht die treuen Löwen die Prinzessin zu ihm geführt hätten. Sie zog mit ihm fort und führte ihn. Sie wollte ihres Vaters Reich aufsuchen und hoffte, dort Heilung für ihren Retter zu finden.

Endlich kamen sie in die Nähe der Stadt, in welcher der Vater der Prinzessin wohnte. Da sah die Prinzessin auf einmal, wie ein blinder Hase vor ihnen über den Weg lief und in einen nahen Bach tauchte. Dreimal tauchte er unter und lief dann sehend davon. Die Prinzessin führte Hans zu dem Wasser, und wie auch er dreimal untergetaucht war, erhielt er ebenfalls sein Augenlicht zurück.

Nun gingen sie voller Freuden in die Stadt, und als der alte König erfuhr, daß Hans seine Tochter befreit hatte, wollte er keinen anderen Schwiegersohn haben als ihn. Auch die Prinzessin nahm keinen lieber zum Mann als gerade Hans. Als aber seine Mutter erfuhr, daß ihr Sohn sein Augenlicht wiederhatte und mit der Prinzessin verheiratet war, erkrankte sie vor Neid und Haß schwer. Diesmal war es ernst, und sie starb bald darauf. Der Riese starb bald darauf auch, und so war ihr Schloß denn verwaist, und Hans konnte ohne Furcht dahin zurück. Als er unter dem Kopfkissen nachsah, fand er das blaue Band. Er trug es von nun an sein Leben lang und legte es niemals ab. Später folgte er dem alten König in der Regierung. Er wurde von allen Feinden weit und breit sehr gefürchtet und war ein rechter Schutz seines Landes.

[Märchen aus Schleswig-Holstein]

Das Hirsekorn

Es war einmal ein armer, armer Junge, der hatte von seiner Mutter, als sie starb, ein kleinwinziges Hirsekorn geerbt, und das war all sein Reichtum. Da er nun weder Vater noch Mutter zu verlassen hatte, meinte er, die Welt sei groß und schön, er wolle sich ein wenig darin umschauen. Also nahm er sein Hirsekorn und wanderte fort. Nicht lange, so begegnete er einem freundlichen alten Manne mit breitem Hut und grauem Mantel. »Gott grüß Euch, Großvater!« sprach der Junge.

»Schönen Dank«, erwiderte der Mann, »wo gehst du denn hin?«

»Auf Reisen«, sprach der Junge, »und ich trage ein Hirsekorn mit mir, das ist all mein Gut. Wird es mir auch nicht gestohlen werden?«

Der arme Knabe jammerte den Mann, und er sprach: »Sorge dich nicht, mein Kind, du wirst es zwar verlieren, aber dadurch gewinnen.«

Am Abend kehrte der Junge in einem Dorf ein, klopfte bei einem Bauern an und bat um Herberge. Als er schlafen ging, legte er sein Hirsekorn aufs Fenster und sprach zu seinem Wirt: »Das ist all mein Reichtum. Wird es mir auch nicht gestohlen werden?«

»Schlaf ruhig, mein Sohn«, erwiderte jener, »es soll dir in meinem Haus kein Schaden geschehen.«

Am Morgen, als die Sonne ins Fenster schien, glänzte das Hirsekorn. Da sah es der Haushahn, der im Hof herumstieg und Körner suchte, flog hin und pickte es auf. Eben war der Knabe erwacht und sah den Haushahn auf dem

Fenster, wie er das Hirsekorn verschluckte. Er fing an zu weinen und zu klagen, aber der Bauer tröstete ihn und sprach:

»Der Hahn ist dein,
hat er doch gefressen das Hirselein!«

Nun war der Knabe froh, nahm den Hahn und wanderte weiter. Am Abend, in einem anderen Dorf, kam er wieder zu einem Bauern, bat um Herberge und sprach: »Der Hahn ist all mein Reichtum. Wird er mir auch nicht gestohlen werden?«
»Schlaf ruhig, mein Sohn«, antwortete der Wirt, »auf meinem Hof darf dir kein Schaden entstehen.«
Frühmorgens aber spazierte der Hahn im Hof herum und suchte sich Körner. Wie er einige gefunden hatte, sah dies das Schwein des Bauern und packte den Hahn. Es biß ihn tot und fraß die Körner selbst. Als der Knabe am Morgen nach seinem Hahn sah, so lag der tot. Da fing er an zu jammern und zu klagen: »O weh mir, das Schwein hat meinen Hahn totgebissen!« Da tröstete ihn der Bauer und sprach:

»Nimm hin das Schwein!
Hat dir den Hahn gebissen, drum sei es dein!«

Der Wirt band dem Schwein ein Band an den Fuß, und der Junge zog weiter. Am Abend gelangte er wieder in ein Dorf, klopfte abermals bei einem Bauern an und wurde freundlich aufgenommen. Er sagte aber zu seinem Wirt: »Mein ganzer Reichtum ist das Schwein. Wird es mir auch nicht gestohlen werden?«
»Schlaf ruhig, mein Sohn«, sprach der Bauer, »auf meinem Hof darf dir kein Schaden entstehen.«
Als am Morgen aber eine mutige Kuh das fremde Schwein im Hof erblickte, stürzte sie sich auf dasselbe und erstieß es mit ihren Hörnern. Der Knabe erwachte, ging hinaus

und sah sein Unglück. Da begann er zu jammern und zu klagen, doch der Bauer tröstete ihn und sprach:

»Die Kuh ist dein,
hat sie doch erstoßen dein Schwein!«

Dann band er der Kuh ein Band um den Hals und übergab sie dem Knaben, und der wanderte fröhlich weiter. Am Abend gelangte er zu einem Edelhof und bat um Herberge, und sie wurde ihm gern gewährt. Als der Knabe schlafen ging, sprach er ganz untertänig zum Herrn des Hofes: »All mein Reichtum ist diese Kuh. Wird sie mir auch nicht gestohlen werden?«
»Schlaf ruhig, armer Junge«, erwiderte der Herr, »auf meinem Hof soll dir kein Schaden geschehen.«
Als aber die Pferde am Morgen zur Tränke geführt wurden, sprang ein mutwilliger Hengst im Hof herum. Sowie er die fremde Kuh erblickte, lief er auf sie zu und schlug sie tot. Wie jammerte und klagte der Junge, als er seine Kuh tot sah! Der Edelmann tröstete ihn aber und sprach:

»Nimm den Hengst für die Kuh
und das Zaumzeug dazu!«

Da setzte sich der Junge auf das stattliche Roß und ritt fort in die weite, weite Welt. Er hat viele Heldentaten vollbracht und ist zuletzt auf den Glasberg geritten, hat die Königstochter erlöst und ist König geworden.
Da seht ihr, was aus einem armen Jungen werden kann, wenn er's Glück hat!

[Märchen aus Siebenbürgen]

Das wunderbare Stöcklein

~~~~~~~~

Es war einmal ein König, der ließ in seinem Reich bekanntmachen, daß alle jungen, starken Leute, welche kommen wollten, sich in der Hauptstadt einfinden möchten, damit er unter ihnen einen Hofjäger auswähle.
Nun lebte in einem Dorf desselben Landes ein reicher Bauer, der hatte drei Söhne: Michel, Krischan und Hans.
»Michel«, sagte der Bauer, »Hofjäger, das wäre eine Stellung für dich! Was meinst du, willst du dich nicht in die Stadt begeben?« Die Rede gefiel Micheln wohl, und seine Mutter mußte ihm ein Kaliet, einen Korb, voll Fleisch, Brot und Kuchen packen, damit er unterwegs keine Not litte und in der Stadt nicht soviel im Gasthaus zu verzehren brauchte. Dann sagte er Vater und Mutter Lebewohl und schritt der Hauptstadt zu. Unterwegs mußte er durch einen großen Wald. Als es Mittagszeit war, wurde er hungrig und setzte sich nieder, holte sein Kaliet hervor und ließ sich die guten Sachen trefflich schmecken. Mit einem Mal kam ein kleines, steinaltes Männchen angehumpelt, das jammerte und sprach: »Michel, mich hungert so sehr, gib mir ein wenig ab von deinem Mahl!«
»Das fehlte gerade noch!« antwortete Michel. »Darum habe ich mich wohl mit dem Kaliet abgeschleppt, daß ich für fremde Menschen Essen trage? Such dir nur Wurzeln und Beeren! Mir geht es selber knapp.«
»Dann nicht!« sagte das Graumännchen und ging seinen Gang. Michel aber, nachdem er satt gegessen und getrunken hatte, schritt mächtig aus, um bald die Hauptstadt zu erreichen. Er lief, daß ihm der Schweiß von der Stirn rann,

und erreichte noch vor dem Abend ein großes Dorf. Das kam ihm bekannt vor. Und als er auf einem Hof ansprach, um dort zu übernachten, denk dir, da war es seines Vaters Haus. Der lachte den dummen Michel aus, und Krischan und Hans spotteten auch. Michel aber rief zornig: »Denkt ihr, es würde euch besser ergehen? Versucht es nur selbst einmal!«

»Das will ich auch tun«, antwortete Krischan, und der Bauer gab seine Erlaubnis dazu. Die Mutter packte ihm gleichfalls die schönsten Leckerbissen in den Korb, und am anderen Morgen, als die Sonne aufging, war Krischan schon unterwegs und wanderte der Stadt zu. Es erging ihm aber nicht anders als seinem älteren Bruder. Weil er ebenso gierig und hartherzig war wie Michel und dem alten Graumännlein von seinem Überfluß nichts abgeben wollte, verblendete dasselbe auch ihn. Und als er am Abend einkehrte, um ein Nachtlager zu suchen, befand er sich ebenfalls wieder auf seines Vaters Hof.

Jetzt war das Spotten bei Michel. »Guten Abend, Herr Hofjäger«, rief er schadenfroh, »wie ist es doch so leicht, in die Stadt zu kommen!«

Hans aber lachte beide Brüder aus, schüttelte sich vor Vergnügen und sprach: »Ich sehe wohl, daß ich mich auf den Weg machen muß, sonst ist es mit dem Hofjäger nichts!«

»Du Kiek-in-die-Welt und Taugenichts, bleib du nur hinter dem Ofen sitzen!« riefen Michel und Krischan zornig.

»Und daß du ihm nichts mit auf den Weg gibst, Mutter!« setzte der alte Bauer hinzu.

Aber Hans kümmerte das wenig. Er ging zum Mehlsack, rührte sich einen Teig an und briet auf dem Herd drei Aschenbacke. Dann steckte er die wenigen Taler, die er sich erspart hatte, in die Tasche, und als die Sonne aufging, machte er sich auf den Weg und pfiff ein munteres Lied vor sich hin. Als es Mittagszeit war, ließ er sich nieder, holte einen Aschenback hervor und biß hinein. Indem kam auch schon das kleine Graumännchen auf ihn zu und sagte zu ihm: »Guten Tag, Hans, mich hungert so! Gibst du mir ein wenig ab von deinem Mahl?«

»Recht gern, Graumännchen«, antwortete Hans, »es wird dir nur nicht sonderlich schmecken«, und damit gab er ihm genau die Hälfte von seinem Vorrat: einen ganzen Aschenbacken und einen halben. »Auch einen Taler sollst du bekommen«, fuhr er fort. »Zwei hab ich und bin gesund und stark und werde mir wieder etwas verdienen können.«

Das Männchen bedankte sich und ging seiner Wege.

Gegen Abend trat es wieder vor den Jungen, als der sein Abendbrot verzehrte, und wieder teilte Hans redlich mit ihm. »Hab Dank, lieber Hans«, sprach das Graumännchen, steckte seinen Teil zu sich und ging davon. Hans aber kletterte auf einen Baum, band sich dort fest, auf daß er nicht herabfalle und die wilden Tiere ihn fräßen, und schlief ein. Am nächsten Morgen wanderte er erst ein Stündchen, bis er sich niedersetzte, um sein letztes Stückchen Aschenback zu verzehren. Da trat das Graumännlein zum dritten Mal vor ihn hin, und auch diesmal gab ihm Hans gern die Hälfte von allem, was er besaß. Er brach das Stück Aschenback mitten durch und zählte ihm von seinem letzten halben Taler sechs gute Groschen auf die Hand. »Hans«, sprach darauf das Graumännchen zu ihm, »hier hast du all dein Geld und Aschenback zurück. Ich brauch sie nicht. Ich wollte nur sehen, ob du ein besseres Herz hast als deine Brüder. Nur darum kam ich dreimal zu dir. Und weil du so gutherzig warst, sollst du auch des Königs Hofjäger werden. Dort, wo der Weg die Krümmung macht, steht ein großer Eichbaum, welcher innen hohl ist. Darinnen hängt ein Jägeranzug. Den zieh an. Bei dem Anzug steht ein Stock. Den nimm mit. Halte ihn hoch in Ehren, denn was du damit auch schlagen magst, sei

es tot oder lebendig, das muß dir Rede und Antwort stehen und die lautere Wahrheit sagen.«
Diesmal war das Danken bei Hans, aber das Graumännchen ließ ihn nicht viel Worte machen und war auf einmal verschwunden.
Hans schritt kräftig aus, damit er bald zu dem Eichbaum komme. Als er dort war, fand er alles so, wie das Graumännchen ihm gesagt hatte. In der Höhlung hing der schönste Jägeranzug, den du dir denken kannst, und als Hans ihn angezogen und den Hirschfänger in die Seitentasche gesteckt hatte, kannte er sich selber nicht mehr, so schmuck und stattlich sah er aus. »Ob's nun wohl auch mit dem Stock seine Richtigkeit hat?« sprach er darauf bei sich. Er ergriff den hübschen Stock, der in der Höhlung stand, schlug damit auf einen morschen Stubben und rief: »Stubben, wieviel ist die Uhr?«
»Die Glocke in der Stadt hat eben zehn geschlagen«, brummte der Stubben und war wieder still. Da war Hansens Freude noch größer, und fröhlich und vergnügt wanderte er der Stadt zu. Er erreichte sie noch vor der Mittagszeit und kehrte in dem besten Gasthof ein. Als der Wirt den schmucken Jägersmann erblickte, sprach er zu ihm: »Ihr wollt Euch wohl auch zu der Wahl zum Hofjäger stellen? Dann ist's aber hohe Zeit, denn heute ist der letzte Tag, und mit Sonnenuntergang ist die Sache entschieden.«
»So komme ich noch früh genug«, antwortete Hans und ließ Braten und Wein auftragen. Nachdem er in Ruhe genug gegessen und getrunken hatte, ging er zum König und stellte sich ihm vor.
Obwohl schon viele gelernte Jäger bei dem König gewesen waren, so mochte ihm keiner besser gefallen als Hans, und als mit Sonnenuntergang die Wahl zu Ende kam, war Hans zum königlichen Hofjäger gewählt. Da hatte er nun sein gutes Auskommen, und weil er fleißig und bescheiden war

und seinen Dienst gut versah, so gewann ihn der König von Tag zu Tag mehr lieb.

Eines Tages ging Hans zum König und sprach zu ihm: »Mein Herr König, ich möchte freien. Darf ich das wohl tun?«

»Warum nicht?« lachte der König. »Freien ist doch keine Sünde! Ich bin ja auch verheiratet, und ich würde denken, du seiest Manns genug, eine Frau zu ernähren.«

Als Hans wußte, daß der König gegen seinen Wunsch nichts habe, ging er zu dem Wirt in den Gasthof und sprach: »Weißt du keine Frau für mich? Sie mag sein, wie sie will, nur darf sie noch keinen Bräutigam gehabt haben.«

»Lieber Hans«, sprach der Wirt, »solche Mädchen mag es früher gegeben haben; heuer sind sie rar. Doch wie wär's mit des reichen Kaufmanns einziger Tochter? Sie ist erst siebzehn Jahre alt und mag wohl noch niemals brauten gegangen sein.«

»Ich will's versuchen«, erwiderte Hans und ging zu dem reichen Kaufmann. Er fragte, ob er die Kaufmannstochter zur Frau bekommen könne, doch müsse er sie zuvor einmal gesehen haben, während sie schlafe. »Dummes Zeug!« antwortete der Kaufmann.

»Nun, dann wird aus der Hochzeit nichts«, antwortete Hans.

»Aber, Herr Hofjäger«, rief da der Kaufmann, »wer wird sich denn gleich so abschrecken lassen, wenn er auf Freiersfüßen geht! Mir wollte soeben nur nicht ganz in den Sinn, daß Ihr das Mädchen vorher im Schlaf sehen möchtet. Wenn Ihr aber darauf besteht, soll es Euch gerne gewährt sein!«

So blieb denn Hans bei dem Kaufmann zu Abend, und als das Mädchen zu Bett gegangen und eingeschlafen war, durfte er zu ihr in die Kammer schleichen. Dort zog er gleich seinen Stock hervor, berührte damit leise ihren

Mund und fragte denselben flüsternd: »Wie oft hat dich ein fremder Mann schon geküßt?«

»Einmal«, antwortete der Mund. »Es war der hübsche junge Ladendiener.«

»Du bist nicht die rechte«, sprach Hans darauf, ging zu dem Kaufmann und verkündete ihm: »Eure Tochter gefällt mir nicht. Sie hat sich schon einen andern erkoren.«

Der Kaufmann schrie und schalt, aber der Hofjäger kehrte sich nicht daran und ging wieder auf das Schloß zurück. Am andern Tag sagte er zu dem Wirt: »Mit des Kaufmanns Tochter ist es nichts. Die ist schon mit einem anderen brauten gegangen.«

»Ist's die Möglichkeit! Ein siebzehnjähriges Mädchen!« wunderte sich der Wirt. »Ich habe es dir ja gleich gesagt: Mädchen, wie du sie suchst, sind heuer rar! Aber wie wär's mit des Amtmanns Tochter? Die ist auch jung an Jahren und reicher Leute einziges Kind. Sie wohnt einsam auf dem Land und wird gewiß noch keinen Schatz gehabt haben.«

»Ich will's versuchen«, versetzte Hans und machte sich auf den Weg in des Amtmanns Haus.

»Guten Tag, Herr Amtmann, darf ich wohl Eure Tochter heiraten?«

»Warum nicht, Herr Hofjäger?« sprach der Amtmann erfreut. »Wir wollen gleich die Verlobung feiern!«

»Nicht so schnell«, fiel ihm Hans ins Wort, »ich muß sie zuvor allein im Schlaf gesehen haben.«

»Papperlapapp, daraus wird nichts!« erwiderte der Amtmann.

»Dann wird aus der Hochzeit auch nichts«, erklärte Hans, und da mußte der Amtmann sich wohl oder übel dazu bequemen, dem Hofjäger seinen Willen zu tun.

Als Hans am Abend in die Kammer des Mädchens trat und sich überzeugt hatte, daß es fest schlief, zog er wieder seinen Stock hervor. Er schlug ihm damit sanft auf den Mund

und fragte: »Wie oft hat dich ein fremder Mann schon geküßt?«
»Zweimal«, antwortete der Mund. »Es war der Herr Inspektor.« Da hatte Hans genug gehört und schlich sich aus der Schlafkammer. »Eure Tochter mag ich nicht«, verkündete er dem Amtmann, »sie hat schon einen Liebsten.«
»Daß dich der Teufel...!« schalt der Amtmann zornig, aber Hans hörte ihn gar nicht mehr; er war schon aus dem Haus hinaus und schritt seiner Wohnung zu.
»Lieber Freund«, sprach Hofjäger Hans am nächsten Tag zu dem Gastwirt, »weißt du denn gar keine Frau für mich? Mit des Amtmanns Tochter ist es auch nichts geworden; die hat schon einen andern erkoren.«
»Sagt ich's nicht?« erwiderte der Wirt. »Es hält schwer, ein passendes Mädchen zu finden! Nun weiß ich nur noch die Tochter des dicken Edelmannes. Aber ob der dich zum Schwiegersohn haben will? Das Mädchen wird wohl noch keinen Bräutigam gehabt haben, dazu ist es zu stolz.«
»Wir wollen's hoffen«, sprach Hans bekümmert, erbat sich von dem König Pferd und Wagen und fuhr zu dem Edelmann hinaus. Als er vor ihm stand und sein Anliegen vorbrachte, rief jener seine Frau herbei, und sie berieten miteinander, welche Antwort sie dem Freier geben sollten. »Er ist des Königs Hofjäger und sein Liebling«, sprach die Edelfrau. »Wir machen uns das Herz des Königs geneigt, wenn wir ihm unsere Tochter geben.« Das schien dem Edelmann ein guter Rat, und er sprach zu Hans und schnaufte dabei, als ob ihm die Luft ausginge: »Herr Hofjäger, Ihr sollt meine Tochter haben!«
»Aber eine Bedingung ist dabei«, wandte Hans ein. »Ich muß Eure Tochter eine Nacht vor der Verlobung im Schlaf gesehen haben.« Das gefiel dem Edelmann gar nicht. Aber weil Hans darauf bestand und versicherte, sonst werde aus der ganzen Hochzeit nichts, gab er nach. Da wurde der Hofjäger in der folgenden Nacht in das Schlafgemach des

Mädchens geführt, und sacht klopfte Hans ihm mit seinem Stöckchen auf den Mund. »Wie oft«, fragte er, »hat dich ein fremder Mann schon geküßt?«
»Dreimal«, antwortete der Mund. »Es war der Herr Rechnungsführer.«
Jetzt geb ich das Freien auf! dachte Hans bei sich und rief dem dicken Edelmann ins Schlafgemach hinein: »Eure Tochter mag ich nicht! Die hat schon einen andern Schatz!« Und ehe der dicke Herr noch Luft und Worte fand, den Hofjäger darüber zur Rede zu stellen, hatte Hans seinen Wagen anspannen lassen, war eingestiegen und auf und davon gefahren, zurück in die Stadt.
Ein paar Tage darauf feierte der reiche Kaufmann seinen Geburtstag. Er lud den Amtmann und den dicken Edelmann zum Festmahl ein, denn die beiden waren seine guten Freunde. Als sie reichlich gegessen hatten und ihre Zungen von dem starken Wein gelöst waren, nahm der Kaufmann den Amtmann beiseite und sprach vertraulich zu ihm: »Mein lieber Freund, wir haben bisher Freud und Leid gemeinsam getragen, und so will ich dir auch meinen jüngsten Schmerz nicht verhehlen: Des Königs Hofjäger hat um meine Tochter angehalten, und ich habe sie ihm auch zugesagt. Er hat sie aber nicht genommen und sie obendrein noch beschimpft.«
»Mit mir hat er es ebenso gemacht!« platzte der Amtmann heraus.
»Da können wir uns die Hände reichen«, prustete der Edelmann. »Bei mir ist er ebenfalls gewesen, und es ist nicht anders gegangen.«
Es war nun zwar ein Trost im Unglück, daß sie alle drei die gleiche Beleidigung erlebt hatten, doch war der Trost recht schwach. Sie beschlosen darum, den Hofjäger gemeinsam beim Gericht zu verklagen. Er solle nachweisen, was er gesprochen, oder gehenkt werden.
Als der König von der Klage hörte, sprach er zu seiner

Frau, der Königin: »Ich muß heute der Gerichtsverhandlung beiwohnen. Vielleicht kann ich dem Hofjäger noch in etwas nütze sein.«

Er ging auf das Gericht und trat gerade ein, als Hans sich verteidigen und sagen sollte, wie er dazu komme, der Tochter des Kaufmanns, des Amtmanns und des Edelmanns so böse Dinge nachzureden.

»Man führe des Kaufmanns Tochter herein!« bat Hans, und als sie vor ihm stand, klopfte er ihr mit seinem Stöcklein ein wenig auf den Mund und sprach: »Nun sag einmal, Mund, wie oft hat dich ein fremder Mann geküßt?«

»Einmal«, antwortete der Mund. »Der junge hübsche Ladendiener war's.«

»Die Tochter des Kaufmanns ist überführt!« sprach der Richter. »Jetzt kommt des Amtmanns Kind an die Reihe!«

Hans nahm wiederum sein Stöckchen, klopfte dem Mädchen auf den Mund und fragte: »Mund, wie oft hat dich ein fremder Mann schon geküßt?«

»Zweimal«, gestand der Mund. »Der Herr Inspektor war's.«

»Auch bei des Amtmanns Tochter hat der Hofjäger nicht gelogen!« sprach der Richter. »Man führe das Edelfräulein herein!«

Das Edelfräulein hatte aber durch das Schlüsselloch gesehen und gehorcht und dabei gemerkt, welche Kraft in dem Stock lag. Es steckte sich darum ein großes Stück Semmel in den Mund und trat so in den Gerichtssaal. Als Hans nun dem Mund mit der üblichen Frage zu sprechen befahl, antwortete derselbe nur: »Mummum, mum mum mum mum mummummummum!«

»Was ist denn das?« rief Hans erstaunt. Er klopfte dem Fräulein einmal sacht auf die Nase und fragte: »Näschen, was hat's Mündchen, daß es nicht sprechen kann?«

»Mündchen hat ein groß Kloß Semmel zwischen den Zähnen«, verriet das Näschen, »darum kann's nicht sprechen.«

Da nahm Hans dem Edelfräulein den Semmelbrocken aus dem Mund, und sogleich redete der Mund und sprach: »Dreimal, es war der Herr Rechnungsführer.«

Somit war auch das Edelfräulein überführt, und der Hofjäger wurde freigesprochen. Der Kaufmann, der Amtmann und der Edelmann aber mußten mitsamt ihren Töchtern mit Schimpf und Schande von dannen ziehen.

Als der König von dem Gericht nach Hause kam, erzählte er seiner Frau die ganze Geschichte, und dann lachte er, wie er seit langem nicht gelacht hatte, und die Königin lachte mit. Mit einem Male aber kam ihr ein Gedanke, und sie sprach: »Was meinst du, lieber Mann, könntest du dir den Stock nicht einmal von dem Hofjäger geben lassen, damit wir sehen, wie es mit unserer Tochter, der Prinzessin, steht?«

»Ja, das will ich tun«, antwortete der König, und nachdem ihm der Hofjäger den Stock zu treuen Händen übergeben hatte, ging er am Abend auf Strümpfen leise, leise mit der Königin in das Schlafgemach der Prinzessin. Sie schlief auch schon ganz fest, und so zog denn der König den Stock hervor, schlug damit auf ihr kleines rotes Mündchen und fragte: »Wie oft hat dich ein fremder Mann schon geküßt?«

»Das hat noch niemand getan«, antwortete das kleine rote Mündchen, »aber wenn ich einen küssen dürfte, so wäre es unser Hofjäger Hans.«

»So, so!« sprach da ihr Vater, der König.

»So, so!« sprach ihre Mutter, die Königin, und dann schlichen beide so leise, wie sie gekommen waren, aus dem Schlafgemach der Prinzessin hinaus.

»Was machen wir nun mit dem Hofjäger?« fragte die Königin, als sie draußen waren.

»Ich denke, wir geben ihm unsere Tochter zur Frau«, antwortete der König. »Wenn sie sich gut sind, so kommen sie doch zusammen, mögen wir nun wollen oder nicht.«

»Er ist ein guter, hübscher Mensch«, meinte die Königin, und dann legten sich beide zu Bett und schliefen bis an den lichten Morgen.

Am folgenden Tag, wie sie eben beim Frühstück saßen, hub der König an und sprach zu seiner Tochter: »Mein Kind, was würdest du tun, wenn ich dir den Hofjäger zum Ehemann gäbe?« Er war kaum zu Ende, da sprang die Prinzessin auch schon auf und fiel ihm um den Hals. Sie streichelte seine Wangen und rief: »Mein herzallerliebstes Väterchen, gibst du mir den Hofjäger, so machst du mich glücklich für alle Zeit!«

»Ich habe nichts dawider«, versetzte der König, »doch wie wird er zu der Sache stehen? Vielleicht will er dich gar nicht. Frag ihn einmal!«

»Ach, Papachen, frag du ihn doch!« schmeichelte die Prinzessin. Da wurde Hans gerufen, und der König fragte ihn, ob er seine Tochter haben wolle; einen andern Schatz habe sie noch nicht gehabt; das habe er heute nacht erfahren. Hans glaubte anfangs, der König mache sich einen Scherz mit ihm. Als er aber einsah, daß es Ernst war, sagte er mit Freuden ja.

Die Hochzeit wurde mit großer Pracht gefeiert, und sie lebten danach vergnügt und fröhlich bis an ihr seliges Ende. Und wenn sie nicht gestorben sind, so leben sie noch heute.

[Märchen aus Pommern]

Spindel, Weberschiffchen und Nadel

Es war einmal ein Mädchen, dem starb Vater und Mutter, als es noch ein kleines Kind war. Am Ende des Dorfes wohnte in einem Häuschen ganz allein seine Patin, die sich vom Spinnen, Weben und Nähen ernährte. Die Alte nahm das verlassene Kind zu sich, hielt es zur Arbeit an und erzog es in aller Frömmigkeit. Als das Mädchen fünfzehn Jahre alt war, erkrankte sie, rief das Kind an ihr Bett und sagte: »Liebe Tochter, ich fühle, daß mein Ende herannaht. Ich hinterlasse dir das Häuschen, darin bist du vor Wind und Wetter geschützt, dazu Spindel, Weberschiffchen und Nadel, damit kannst du dir dein Brot verdienen.« Sie legte noch die Hände auf seinen Kopf, segnete es und sprach: »Behalt nur Gott in dem Herzen, so wird dir's wohl gehen.« Darauf schloß sie die Augen, und als sie zur Erde bestattet wurde, ging das Mädchen bitterlich weinend hinter dem Sarg und erwies ihr die letzte Ehre.
Das Mädchen lebte nun in dem kleinen Haus ganz allein, war fleißig, spann, webte und nähte, und auf allem, was es tat, ruhte der Segen der guten Alten. Es war, als ob sich der Flachs in der Kammer von selbst mehrte, und wenn sie ein Stück Tuch oder einen Teppich gewebt oder ein Hemd genäht hatte, so fand sich gleich ein Käufer, der es reichlich bezahlte, so daß sie keine Not litt und andern noch etwas abgeben konnte.
Um diese Zeit zog der Sohn des Königs im Land umher und wollte sich eine Braut suchen. Eine arme sollte er nicht wählen, und eine reiche wollte er nicht. Da sprach er: »Die soll meine Frau werden, die zugleich die ärmste und

die reichste ist.« Als er in das Dorf kam, wo das Mädchen lebte, fragte er, wie er überall tat, wer in dem Ort die reichste und ärmste wäre. Sie nannten ihm die reichste zuerst. Die ärmste, sagten sie, wäre das Mädchen, das in dem kleinen Haus ganz am Ende wohnte.
Die Reiche saß vor der Haustür in vollem Putz, und als der Königssohn sich näherte, stand sie auf, ging ihm entgegen und verneigte sich vor ihm. Er sah sie an, sprach kein Wort und ritt weiter. Als er zu dem Haus der Armen kam, stand das Mädchen nicht an der Tür, sondern saß in seinem Stübchen. Er hielt das Pferd an und sah durch das Fenster, durch das die helle Sonne schien, das Mädchen an dem Spinnrad sitzen und emsig spinnen. Es blickte auf, und als es bemerkte, daß der Königssohn hereinschaute, wurde es über und über rot, schlug die Augen nieder und spann weiter. Ob der Faden diesmal ganz gleichmäßig wurde, weiß ich nicht, aber es spann so lange, bis der Königssohn wieder weggeritten war. Dann trat es ans Fenster, öffnete es und sagte: »Es ist so heiß in der Stube.« Aber es blickte ihm nach, solange es noch die weißen Federn an seinem Hut erkennen konnte.
Das Mädchen setzte sich wieder in seine Stube zur Arbeit und spann weiter. Da kam ihm ein Spruch in den Sinn, den die Alte manchmal gesagt hatte, wenn es bei der Arbeit saß, und es sang so vor sich hin:

»Spindel, Spindel, geh du aus,
bring den Freier in mein Haus!«

Und was geschah? Die Spindel sprang ihm augenblicklich aus der Hand und zur Tür hinaus, und als es vor Verwunderung aufstand und ihr nachblickte, so sah es, daß sie lustig in das Feld hineintanzte und einen glänzenden goldenen Faden hinter sich herzog. Nicht lange, so war sie ihm aus den Augen entschwunden. Das Mädchen, da es keine Spindel mehr hatte, nahm das Weberschiffchen in die

Hand, setzte sich an den Webstuhl und fing an zu weben. Die Spindel aber tanzte immer weiter, und eben als der Faden zu Ende war, hatte sie den Königssohn erreicht. »Was sehe ich?« rief er. »Die Spindel will mir wohl den Weg zeigen?« Drehte sein Pferd um und ritt an dem goldenen Faden zurück.
Das Mädchen aber saß an seiner Arbeit und sang:

»Schiffchen, Schiffchen, webe fein,
führ den Freier mir herein!«

Alsbald sprang ihr das Schiffchen aus der Hand und sprang zur Tür hinaus. Vor der Türschwelle aber fing es an, einen Teppich zu weben, schöner, als man je einen gesehen hat: Auf beiden Seiten blühten Rosen und Lilien, und in der Mitte auf goldenem Grund stiegen grüne Ranken herauf, darin sprangen Hasen und Kaninchen; Hirsche und Rehe streckten die Köpfe dazwischen; oben in den Zweigen saßen bunte Vögel, es fehlte nichts, als daß sie gesungen hätten. Das Schiffchen sprang hin und her, und es war, als wüchse alles von selber.
Weil das Schiffchen fortgelaufen war, hatte sich das Mädchen zum Nähen hingesetzt. Es hielt die Nadel in der Hand und sang:

»Nadel, Nadel, spitz und fein,
mach das Haus dem Freier rein!«

Da sprang ihr die Nadel aus den Fingern und flog in der Stube hin und her, so schnell wie der Blitz. Es war nicht anders, als wenn unsichtbare Geister arbeiteten. Alsbald überzogen sich Tisch und Bänke mit grünem Tuch, die Stühle mit Sammet, und an den Fenstern hingen seidene Vorhänge herab. Kaum hatte die Nadel den letzten Stich getan, so sah das Mädchen schon durch das Fenster die weißen Federn von dem Hut des Königssohns, den die Spindel an dem goldenen Faden herbeigeholt hatte. Er stieg ab, schritt über den Teppich in das Haus herein, und als er in die Stube trat, stand das Mädchen da in seinem ärmlichen Kleid, aber es glühte darin wie eine Rose im Busch. »Du bist die Ärmste und auch die Reichste«, sprach er zu ihr. »Komm mit mir, du sollst meine Braut sein.« Sie schwieg, aber sie reichte ihm die Hand. Da gab er ihr einen Kuß, führte sie hinaus, hob sie auf sein Pferd und brachte sie in das königliche Schloß, wo die Hochzeit mit großer Freude gefeiert ward.

Spindel, Weberschiffchen und Nadel wurden in der Schatzkammer verwahrt und in großen Ehren gehalten.

[Märchen der Brüder Grimm]

Die drei Großmütterchen

Es waren einmal ein Königssohn und eine Königstochter, die liebten einander sehr. Die junge Prinzessin war sanft und schön und bei jedermann beliebt, doch hing ihr Sinn mehr an Lust und Spiel als an Handarbeit und häuslichen Beschäftigungen. Dies erschien der alten Königin schlimm. Sie erklärte, daß sie keine Schnur, keine Schwiegertochter, haben wolle, welche nicht ebenso flink sei, wie sie es selbst in ihrer Jugend gewesen, und widersetzte sich der gewünschten Heirat des Prinzen auf jede Art und Weise.

Da nun die Königin ihr Wort nicht zurücknehmen wollte, ging der Königssohn zu ihr und schlug ihr vor, daß man seine Braut auf die Probe stellen möge, um zu sehen, ob sie nicht doch ebenso flink in der Arbeit sei wie die Königin selbst. Dies schien allen ein kühnes Begehren zu sein, denn die Mutter des Prinzen war eine tätige Frau, die bei Tag und Nacht spann und nähte und webte, so daß keine ihr gleichkam. Gleichwohl wurde beschlossen, daß der Wille des Prinzen erfüllt werde, und die schöne Prinzessin wurde alsbald in das Frauengemach beschieden. Die Königin sandte ihr ein Liespfund Flachs, das sind an die zwanzig Pfund, und ließ ihr ausrichten, der Flachs müsse gänzlich versponnen sein, ehe es tage, sonst dürfe sie nicht mehr daran denken, den Königssohn zum Gemahl zu bekommen.

Als die Prinzessin allein war und sich selbst überlassen, ward ihr schlimm zumute. Sie wußte sehr wohl, daß sie den Flachs der Königin nicht zu spinnen vermochte, und

wollte doch den jungen Prinzen nicht verlieren, den sie so lieb hatte. Daher wandelte sie im Zimmer umher und weinte und weinte unaufhörlich. Unterdessen öffnete sich die Tür leise, leise, und es trat ein kleines, kleines altes Weib herein von seltsamem Aussehen und mit noch seltsameren Gebärden. Die Alte hatte ungeheuer große Füße, so daß jeder, der sie sah, sich darüber wundern mußte. Sie grüßte: »Gottes Frieden!«
»Gottes Frieden auch mit Euch!« antwortete die Königstochter.
Die Alte fragte: »Warum ist die schöne Jungfrau heute abend so traurig?«
»Ach«, erwiderte die Prinzessin, »ich muß wohl traurig sein! Die Königin hat mir befohlen, ein Liespfund Flachs zu spinnen, und wenn ich es bis zum Morgen nicht getan habe, verliere ich den Königssohn, der mich so herzlich liebhat.«
Da sprach die Alte: »Sorgt Euch nicht, schöne Jungfrau! Wenn es nur das ist, so kann ich Euch helfen. Aber erfüllt mir die Bitte, die ich Euch gleich nennen werde!« Solche Rede freute die Prinzessin über die Maßen, und sie fragte die Alte nach deren Begehr. »Nun denn«, begann jene, »ich heiße Storfotamor, die Mutter mit dem großen Fuß. Ich verlange keinen anderen Lohn, als zu Eurer Hochzeit eingeladen zu werden, denn ich war auf keiner Hochzeit, seit Eure Schwiegermutter, die Königin, Braut war.« Die Königstochter willigte gern ein, diesen Wunsch zu erfüllen, und sie schieden voneinander. Die Alte ging den Weg, den sie gekommen war, und die Prinzessin legte sich schlafen, doch konnte sie die ganze ewig lange Nacht kein Auge zutun.
Früh am Morgen, noch ehe der Tag graute, öffnete sich die Tür, und die kleine Alte trat wieder ein. Sie ging zur Königstochter und reichte ihr ein Bündel Garn. Das Garn aber war weiß wie Schnee und so fein wie ein Spinnen-

gewebe. »Siehst du«, sprach sie, »so schönes Garn habe ich nicht mehr gesponnen, seit ich für die Königin spann, damals, als sie sich vermählen sollte. Das ist lange, lange her.«

Die kleine Alte verschwand, und die Prinzessin fiel in einen wohltuenden Schlummer. Es dauerte aber gar nicht lange, da wurde sie von der alten Königin geweckt, welche vor ihrem Bett stand und fragte, ob denn der Flachs fertiggesponnen sei. »Ja«, antwortete die Prinzessin und reichte ihr das Garn. Da mußte sich die Königin für diesmal zufriedengeben und die Spinnerin loben; die Prinzessin konnte aber sehen und merken, daß es ihr nicht vom Herzen kam.

Als es nun Tag wurde, verkündete die Königin, daß sie die Königstochter auf eine neue Probe setzen wolle. Sie schickte das Garn zugleich mit dem Webstuhl und anderen Gerätschaften ins Frauengemach und befahl der Prinzessin, es zu verweben. Das Gewebe müsse aber fertig sein, ehe die Sonne aufgehe, sonst dürfe die Prinzessin nicht mehr daran denken, den Königssohn zu bekommen.

Als die Prinzessin allein war, da ward ihr wieder schlimm zumute, denn sie wußte, daß sie das Garn nicht weben konnte, und wollte den Königssohn gleichwohl nicht verlieren, den sie so liebhielt. Sie ging verzweifelt im Zimmer hin und her und weinte bitterlich. Auf einmal öffnete sich leise, leise die Tür, und es trat ein kleines, kleines altes Weib herein von seltsamer Gestalt und mit noch seltsameren Gebärden. Die kleine Alte hatte ein ungeheuer großes Gesäß, so daß jeder, der sie sah, sich darüber wundern mußte. Sie grüßte: »Gottes Frieden!«

»Gottes Frieden auch mit Euch!« antwortete die Prinzessin. Da fragte die Alte: »Warum ist die schöne Jungfrau so allein und kummervoll?«

»Ja nun«, erwiderte die Prinzessin, »ich muß wohl traurig sein! Die Königin hat mir befohlen, dieses Garn zu verweben. Wenn ich es aber bis zum Tagesanbruch nicht vollbracht habe, verliere ich den Königssohn, der mich so herzlich liebhat.«

Da sprach die kleine Alte: »Seid unbesorgt, schöne Jungfrau! Wenn es nur das ist, so will ich Euch helfen. Ihr sollt mir darauf aber eine Bedingung erfüllen, die ich Euch gleich nennen werde.« Ob dieser Rede freute sich die Prinzessin über die Maßen und fragte nach dem Begehren des kleinen Weibes. »Je nun«, begann die Alte, »ich heiße Storgumpamor, die Mutter mit dem breiten Gesäß, und verlange keinen anderen Lohn, als auf Eurer Hochzeit sein zu dürfen, denn ich bin auf keiner Hochzeit gewesen, seit Eure Schwiegermutter Braut war.« Die Königstochter willigte gern in diese Bitte ein, und so schieden sie voneinander. Die Alte ging auf dem Weg fort, auf dem sie gekommen war, und die Königstochter legte sich zu Bett, obschon sie während der ewig langen Nacht kein Auge zutun konnte.

Frühmorgens, ehe der Tag anbrach, öffnete sich die Tür, und das kleine Weib trat wieder ein. Es ging zur Königstochter und reichte ihr ein Gewebe, das war schneeweiß und so fein wie ein seidiges Fell und hatte nicht seinesgleichen. Die Alte sprach: »Siehst du, wie dieses hier habe ich keines gefertigt, seit ich für die Königin webte, als sie sich vermählen sollte. Aber das ist lange, lange her.« Hierauf verschwand das kleine Weib, und die Prinzessin fand Erquickung in einem angenehmen, aber kurzen Schlummer, denn bald schon wurde sie durch die strenge Königin geweckt, welche an ihrem Bett stand und zu wissen verlangte, ob das Gewebe fertig sei. »Ja«, antwortete die Königstochter und reichte ihr das schöne Tuch. Da mußte sich die Königin zum zweiten Mal zufriedengeben; die Prinzessin sah und merkte aber sehr wohl, daß sie es nicht gern tat.

Die Königstochter dachte nun von einer weiteren Probe befreit zu sein. Die Königin aber war anderer Meinung

und schickte ihr das Gewebe nach einer Weile mit dem Auftrag ins Frauengemach, sie solle Hemden für ihren Bräutigam daraus nähen. Die Hemden müßten aber fertig sein, ehe die Sonne aufgehe, sonst solle sie nicht hoffen, den Königssohn je zum Gemahl zu bekommen.
Als die Prinzessin wieder allein war, da ward ihr abermals schlimm zumute, denn sie wußte, daß sie die Leinwand nicht vernähen konnte, und wollte doch den Prinzen, den sie so liebhatte, nie und nimmer verlieren. Sie wandelte traurig im Zimmer umher und weinte und weinte. Da öffnete sich mit einmal die Tür, und leise, leise trat ein sehr kleines altes Weib ein von wunderlichem Aussehen und mit noch wunderlicheren Gebärden. Die kleine Alte hatte einen unglaublich großen Daumen, so daß jeder, der ihn sah, sich sehr darüber verwundern mußte. Sie grüßte: »Gottes Frieden!«
»Gottes Frieden auch mit Euch!« antwortete die Prinzessin.
»Warum ist die schöne Jungfrau so traurig und allein?« wollte die Alte wissen.
»Ja nun«, erwiderte die Prinzessin, »ich muß wohl traurig sein! Die Königin hat mir befohlen, diese Leinwand zu Hemden für den Königssohn zu vernähen, und wenn ich es bis zum Morgen nicht getan habe, verliere ich meinen Bräutigam, der mich so herzlich liebhat.«
»Seid getrost, schöne Jungfrau«, sprach das kleine Weib, »ist es nichts anderes, so kann ich Euch helfen. Doch bitte ich Euch, mir die Bedingung zu erfüllen, die ich Euch gleich nennen werde.« Die Prinzessin freute sich sehr über diese Rede und fragte, was die Alte verlange. »Je nun«, begann jene, »ich heiße Stortummamor, die Mutter mit dem großen Daumen, und will keinen anderen Lohn, als auf Eurer Hochzeit dabeizusein, denn seit Eure Schwiegermutter Braut war, bin ich auf keiner Hochzeit gewesen.« In diese Bedingung willigte die Königstochter gern

ein, und sie schieden voneinander. Die Alte ging ihres Weges, und die Prinzessin legte sich schlafen; sie schlief aber so schlecht, daß sie nicht einmal von ihrem Bräutigam träumte.

Früh am nächsten Morgen, noch ehe die Sonne aufging, öffnete sich die Tür, und die kleine Alte trat wieder ein. Sie ging zur Königstochter hin, weckte sie und gab ihr einige Hemden. Die Hemden waren aber mit so großer Kunst genäht und gestickt, daß man nicht ihresgleichen hätte finden können. Die Alte sprach: »Siehst du, so vortrefflich wie diese habe ich keine genäht außer jenen, die ich für die Königin anfertigte, als sie Braut war. Das ist aber lange, lange her.«

Mit diesen Worten verschwand die kleine Alte, denn schon stand die Königin vor der Tür und fragte, ob die Hemden fertig seien. »Ja«, antwortete die Königstochter und reichte die schön genähten Hemden hin. Da erzürnte sich die Königin so sehr, daß ihre Augen funkelten. »Nun, so nimm ihn denn!« rief sie. »Ich konnte nicht glauben, daß du so schnell und geschickt sein würdest, wie ich es war!« Hiermit ging sie davon und warf die Tür ins Schloß, daß sie knarrte.

Der Königssohn und die Königstochter sollten einander nun bekommen, wie die Königin es versprochen hatte, und es wurde eine große Hochzeit veranstaltet. Die Prinzessin war an ihrem Freudentag aber nicht besonders fröhlich und dachte bei sich: »Ob wohl die wunderlichen Gäste kommen werden?«

Die Hochzeit fand nach alter Sitte mit Lust und Freude statt, doch erschienen keine alten Weiber, so sehr die Prinzessin sich auch nach allen Seiten umsehen mochte. Erst später, als die Gäste zu Tisch gehen sollten, gewahrte die Prinzessin die drei, welche allein in einer Ecke des großen Hochzeitssaales saßen. Da stand der König auf und fragte, was das für Gäste seien, die er früher nicht gesehen habe.

Das älteste der Weiber entgegnete: »Ich heiße Storfotamor und habe so große Füße, weil ich in meinem Leben viel gesponnen habe.«
»Ist's so«, sprach der König, »dann soll meine Schwiegertochter nie mehr spinnen.« Er wandte sich hierauf zu der zweiten Alten und fragte, was der Grund ihres wunderlichen Aussehens sei. Sie antwortete: »Ich heiße Storgumpamor und habe deshalb ein so breites Gesäß, weil ich in meinem Leben sehr viel gewebt habe.«
»Ist's so«, sprach der König, »dann soll meine Schwiegertochter auch nie mehr weben.« Er wandte sich alsdann dem dritten alten Weibe zu und fragte, wie es heiße. Da erhob sich Stortummamor und nannte ihren Namen. Sie verkündete, daß ihr Daumen so groß sei, weil sie in ihrem Leben soviel genäht habe. »Ist dem also«, sprach der König, »dann soll meine Schwiegertochter auch nie mehr nähen.« Und dabei blieb es. Die schöne Königstochter erhielt den Prinzen und war fortan vom Spinnen und Weben wie auch vom Nähen befreit.
Als die Hochzeit zu Ende war, zogen die Großmütterchen ihres Weges, und niemand sah, welchen Weg sie nahmen, gleichwie niemand wußte, woher sie gekommen. Der Prinz aber lebte mit seiner Gemahlin glücklich und vergnügt; nur ging alles viel stiller und ruhiger zu, weil die Prinzessin nicht so tätig war wie die strenge Königin.

[Märchen aus Schweden]

Die Prinzessin im Sarg

⚜·⚜·⚜·⚜

Es waren einmal ein König und eine Königin, die lebten in einem schönen Schloß und herrschten über ein reiches, glückliches Land. Sie liebten einander sehr und waren auch sehr glücklich miteinander, doch bekamen sie keinen Erben.
Sieben Jahre waren sie nun schon verheiratet und hatten immer noch weder Sohn noch Tochter, und das war für beide ein großer Kummer. Immer häufiger geschah es, daß der König übel aufgelegt war und seinen Zorn an der armen Königin ausließ. Er klagte, daß sie da herumgingen und alt würden, ohne daß ihr Reich einen Erben habe, und warf ihr vor, sie allein sei schuld daran. Solche Worte schnitten der Königin ins Herz, und sie weinte viel und härmte sich ab. Zuletzt sagte der König zu ihr: »Es ist hier rein nicht mehr zum Aushalten! Ich muß kinderlos herumlaufen und muß zu alledem noch dein tränenzerflossenes Armesündergesicht anschauen, das du mir allezeit vorschneidest. Ich reise jetzt fort und bleibe ein ganzes Jahr aus. Bekommst du, bis ich zurückkehre, ein Kind, dann ist alles wieder gut. Ich werde dich über alle Maßen lieben und dir nie mehr ein böses Wort geben. Finde ich aber das Nest noch immer leer, wenn ich heimkomme, dann lasse ich mich ohne Widerrede von dir scheiden.«
Als der König fortgereist war, grämte und härmte sich die Königin in ihrer Einsamkeit mehr als je zuvor. Eines Tages erzählte ihre Kammerfrau ihr von einer weisen Alten, die sich in ihrem Lande aufhalte und schon mehreren Frauen geholfen habe, die sich in der gleichen Not wie sie befun-

den hätten. »Gewiß wird sie auch Euch helfen können. Schickt nur gleich einen Boten zu ihr und laßt sie holen!«
Die Königin tat es, und die weise Frau kam. Da vertraute die Königin ihr an, wie sehr es sie bedrücke, daß sie kinderlos sei, und die weise Frau wußte wirklich Rat. »Draußen in des Königs Garten, linker Hand unter der großen Eiche, gleich wenn man zum Schloß hinaus kommt«, so sprach sie, »wächst ein kleiner Strauch, welcher mehr grün als braun ist. Er hat wollige Blätter und lange Stacheln. Gerade jetzt trägt er drei Knospen. Wenn die Frau Königin vor Sonnenaufgang nüchtern und allein zu diesem Strauch geht und die mittelste Knospe abpflückt und aufißt, so wird sie nach sechs Monaten eine Tochter bekommen. Doch muß sie die Prinzessin gleich nach der Geburt einer Amme übergeben, welche ich ihr schon verschaffen will, und ihr in einem abgelegenen Teil des Schlosses eine Wohnung herrichten. Weder der König noch die Königin dürfen ihre Tochter vor deren vierzehntem Geburtstag sehen, sonst werden sie sich selbst und ihr Kind unglücklich machen.«
Die Königin belohnte die Alte reich und ging am nächsten Morgen früh in den Garten. Sie fand den Strauch mit den drei Knospen, pflückte die mittelste und verzehrte sie augenblicklich; da schmeckte sie ihr zuerst süß, doch dann bitter wie Galle. Bald darauf merkte die Königin, daß sie schwanger war, und kaum waren sechs Monate vergangen, brachte sie eine gesunde und kräftige Tochter zur Welt. Die Amme war schon in Bereitschaft. Sie nahm die neugeborene Prinzessin in ihre Obhut und zog mit ihr in einen einsamen Flügel des Schlosses, wie die weise Frau es angeraten hatte.
Als der König heimkehrte und erfuhr, daß seine Frau ihm unterdes eine Tochter geboren hatte, war er überglücklich und wollte sogleich zu ihr. Da mußte die Königin ihn aber

zurückhalten und ihm erzählen, daß es einer Weissagung nach ein großes Unglück gäbe, wenn sie die Prinzessin vor deren vierzehntem Geburtstag sähen. Das war eine lange Wartezeit, denn der König sehnte sich sehr, seine Tochter zu sehen.

Die Königin sehnte sich nicht minder danach, aber sie wußte ja, daß ihr Kind nicht wie andere Kinder geboren worden war, und hörte auch von der Amme, daß es auch sonst nicht wie andere Kinder sei – es konnte gleich nach der Geburt reden und war von ganz klein auf schon so gescheit wie sonst nur erwachsene Menschen –, und sie hatte doch auch gesehen, was die weise Frau vermochte, und deshalb hielt sie streng darauf, daß deren Warnung genau befolgt wurde.

Sooft der König die Geduld verlor und die Kammer seiner Tochter betreten wollte, überredete sie ihn, es nicht zu tun, und so war endlich der letzte Tag vor dem vierzehnten Geburtstag der Prinzessin herangekommen. Da ging der König mit der Königin im Garten spazieren und rief auf einmal: »Jetzt kann und will ich nicht mehr länger warten! Ich muß meine Tochter augenblicklich sehen! Diese paar Stunden mehr oder weniger können doch schwerlich etwas ausmachen!« Und bevor ihn die Königin noch hindern konnte, eilte er schnurstracks zu der Kammer der Prinzessin hinauf und riß die Tür auf. Die Amme stellte sich ihm in den Weg, er stieß sie zurück und erblickte seine Tochter, welche die schönste Prinzessin war, die man sich denken konnte, weiß wie Milch und rot wie Blut, mit blauen Augen und goldenem Haar, nur gerade bei der Stirn, da hatte sie eine einzige braune Locke.

Die Prinzessin ging zwar auf ihren Vater zu, fiel ihm um den Hals und küßte ihn, doch zugleich sagte sie: »Ach, Vater, Vater, was hast du getan! Jetzt muß ich morgen sterben, und du mußt von drei Dingen eines wählen: Soll dein Land von der Schwarzen Pest heimgesucht werden oder

ein langer, blutiger Krieg es überziehen, oder willst du versprechen, mich in einem einfachen hölzernen Sarg in die Kirche tragen und ein ganzes Jahr hindurch eine Schildwache bei meinem Leichnam aufstellen zu lassen?«
Der König entsetzte sich und glaubte, seine Tochter rede irr. Um ihr aber zu Willen zu sein, sagte er: »Von den drei Dingen wähle ich das letzte, doch sollst du nicht sterben, wenn du auch noch so krank bist!« Und er ließ sogleich die berühmtesten Ärzte seines Landes zusammenrufen, und sie kamen mit ihren Rezepten, Salben und Medizinflaschen, aber trotz alledem war die Prinzessin tags darauf tot, steif und kalt. Das stellten die Ärzte auch unwiderleglich fest, unterschrieben es allesamt, drückten ihr Siegel darauf und hatten damit alles getan, was sie tun konnten. Der König aber ließ seine Tochter noch am selben Tag in den Sarg legen und in der Schloßkirche beisetzen. Am Abend wurde dann eine Schildwache aufgestellt, die sollte in der Nacht bei der Leiche wachen.
Als man den Wachtposten am nächsten Morgen aus der Kirche herauslassen wollte, war er nicht mehr da. »Wahrscheinlich hat er sich zu sehr gefürchtet und ist davongelaufen«, dachten die Leute und stellten am nächsten Abend einen anderen Mann als Schildwache auf. Aber auch der war am nächsten Morgen verschwunden. Den nächsten und übernächsten Tag ging es ebenso weiter, und es war durchaus nicht herauszubekommen, welchen Weg die Wachtposten wohl genommen hatten, wenn sie denn wirklich geflohen sein sollten. Und wovor waren sie denn alle davongelaufen? Man begann allgemein zu glauben, daß die Prinzessin umgehe und jeden, der des Nachts Wache stand, verschlinge. Bald fand sich keiner mehr, der dieses Amt übernehmen wollte, und des Königs Soldaten desertierten, ehe noch die Reihe an sie kam. Da versprach der König demjenigen eine gute Bezahlung, der freiwillig Wache halten wollte. Das half eine Weile, denn es fanden

sich einige Wagehälse, die sich den ausgesetzten Lohn verdienen wollten. Bekommen taten sie ihn aber nie, weil sie am Morgen ebenso verschwunden waren wie die vor ihnen.
So war beinahe ein ganzes Jahr vergangen, als eines Tages ein junger Schmiedgeselle in die Stadt gewandert kam, in welcher das Schloß des Königs stand. Es war ja des Landes Hauptstadt, in welche jederzeit allerlei Menschen zogen, um Arbeit zu suchen, und auch der Schmiedgeselle – er hieß Christian – war aus diesem Grunde hergekommen. Er ging in eine Herberge und setzte sich ins Gastzimmer, um sich an Speise und Trank zu laben. Da saßen auch ein paar Feldwebel, die ausgeschickt worden waren, um jemanden für die Leichenwache anzuwerben. Das mußten sie tagtäglich tun, doch wurde es immer schwieriger für sie und brauchte immer mehr Zeit. Es war nämlich inzwischen nur allzu bekannt, daß die Wachen bis zum Morgen immer spurlos verschwanden, und so bedankten sich viele, die sie ansprachen, für das Vergnügen und lehnten höflichst ab.
Die Feldwebel setzten sich zu Christian und ließen Getränke kommen und ihn tüchtig mittrinken. Christian war ein munterer Bursche, der etwas auf Gemütlichkeit und gutes Essen und Trinken hielt und beides so gut konnte wie Singen. Sogar zu schwätzen und zu prahlen verstand er, wenn ihm der Wein die Zunge gelöst hatte, und so erzählte er den Feldwebeln nach etlichen Gläsern, daß er zu den Leuten gehöre, die sich vor gar nichts fürchteten. Ah, dann sei er ja ihr Mann, sagten diese darauf, und könne sich, wenn es wirklich wahr sei, ein schönes Stück Geld verdienen, ehe er um einen Tag älter werde. Denn der König zahle demjenigen, der die Nacht am Sarge seiner Tochter Wache stehen wolle, bare hundert Taler aus. Davor war unserem Christian nicht bange, weil ihn derzeit überhaupt nichts bange machen konnte, und nachdem auf

seine Furchtlosigkeit noch eine Flasche Wein geleert worden war, wurde er zum Obersten geführt. Er bekam eine Montur und ein Gewehr und alles, was sonst noch dazu gehörte, und wurde dann in die Kirche eingeschlossen, um des Nachts am Sarg der Prinzessin Wache zu stehen.
Um acht Uhr bezog er seinen Posten. In der ersten Stunde war er ganz übermütig und in der zweiten freute er sich über das viele Geld, das er bekommen würde. In der dritten Stunde aber, als die Glocke bald elf schlug, war seine weinselige Stimmung verflogen. Es wurde ihm recht ängstlich zumute, denn er hatte schon mehr als genug von diesem seltsamen Wachtposten munkeln hören. Allerlei bange Gedanken wirbelten ihm im Kopfe, und er suchte in allen Ecken und Enden herum nach einem Ausweg. Just als es elf Uhr schlug, fand er ein kleines Hinterpförtchen im Glockenturm, welches nicht verschlossen war. Durch dieses schlüpfte er hinaus und wollte davonlaufen, aber da stand ein Männchen vor ihm und sagte: »Ah, guten Abend, Christian, wohin denn so spät?«
Christian fühlte sich sogleich, als ob er angenagelt wäre, und konnte sich nicht von der Stelle rühren. »Nirgend hin«, antwortete er.
»O ja«, sagte das Männchen, »du wolltest gerade mir nichts, dir nichts davonlaufen. Aber du hast dich selbst für heute nacht als Schildwache verdingt, und da mußt du an deinem Posten bleiben.«
Da erwiderte Christian ganz demütig, daß er sich das nicht getraue und deshalb davonlaufen wolle, und dann bat er, ihn doch entwischen zu lassen.
»O nein«, sagte das Männchen streng, »du mußt auf deinem Posten bleiben, aber ich will dir wenigstens einen guten Rat geben: Geh auf die Kanzel hinauf und bleibe da und kümmere dich um gar nichts, was du auch sehen oder hören mögest, bis du den Sargdeckel über der Leiche zuschlagen hörst. Dann ist alle Gefahr vorbei, und du kannst

wieder in der Kirche herumgehen, wohin du nur willst.«
Darauf stieß ihn das Männchen durch das kleine Pförtchen
zurück in die Kirche und schloß hinter ihm ab.

Christian beeilte sich, auf die Kanzel zu kommen, und bemerkte nicht das Geringste, bis es zwölf Uhr schlug. Da sprang der Sargdeckel auf, und ein schreckliches Gespenst, wollig und mit furchtbaren Stacheln wie ein Stachelschwein, kam herausgefahren und schrie und rief: »Wache, wo bist du? Wache, wo bist du? Wenn du dich nicht zeigst, sollst du einen härteren Tod sterben als alle vor dir!«

Das Gespenst fuhr wild in der Kirche herum und entdeckte den Burschen oben auf der Kanzel. Es stürzte auf ihn los und die Stufen zur Kanzel hinauf, aber es konnte die Kanzel nicht erklimmen, so sehr es sich auch reckte und streckte, und so konnte es auch Christian nicht packen, welcher zitternd und bebend oben auf der Kanzel stand. Da schlug es ein Uhr. Das Gespenst mußte in seinen Sarg zurück. Christian hörte den Deckel zuschlagen, und Totenstille herrschte wieder in der Kirche. Er legte sich nieder, wo er stand, schlief ein und wachte nicht eher auf, als bis es hellichter Tag war und er draußen vor der Kirche laute Tritte vernahm. Ein Schlüssel wurde ins Schloß gesteckt, da verließ er geschwind die Kanzel und stellte sich mit seinem Gewehr vor dem Sarg der Prinzessin auf.

Es war der Oberst selbst, der mit der Wache kam und nicht wenig verwundert war, seinen Rekruten wohlbehalten wiederzufinden. Er wollte Rapport erstattet haben, aber Christian sagte nichts. Man führte ihn dann sogleich zum König, und zwar mit der Meldung, die man heute zum allerersten Male machen konnte, daß er die Schildwache sei, welche nachts Posten in der Kirche bei der Prinzessin gestanden. Als der König das vernahm, war er rasch auf den Beinen. Er legte die hundert Taler vor Christian auf den Tisch und wollte ihn ins Verhör nehmen. »Hast du

etwas gesehen?« fragte er. »Hast du meine Tochter gesehen?«
»Ich habe auf meinem Posten gestanden, und das muß Euch genug sein, denn etwas anderes habe ich nicht auf mich genommen«, antwortete der Schmiedgesell. Er wußte ja nicht, ob er verraten durfte, was er erlebt hatte. Und außerdem war er ein wenig übermütig geworden, weil ihm etwas geglückt war, was keiner vor ihm vermocht hatte. Der König tat, als ob er es für bare Münze nähme, und fragte den Christian, ob er auch für die nächste Nacht Schildwache stehen wolle. »Nein, schönsten Dank«, rief Christian aus, »ich habe mit dem ersten Mal genug!«
»Wie du willst«, sagte der König. »Übrigens hast du dich als braver Geselle gezeigt und sollst jetzt dein Frühstück haben, denn du wirst nach einer solchen Tour eine Stärkung brauchen können.« Und der König ließ für Christian decken und auftragen und anrichten und setzte sich selbst zu ihm an den Tisch. Er schenkte dem Schmiedgesellen fleißig ein und lobte ihn und trank ihm zu. Der Christian, der ließ sich nicht erst dazu nötigen. Er langte tüchtig zu, sowohl bei den Speisen wie auch bei den Getränken, und besonders waren es die letzteren, welchen er nicht am wenigsten zusprach. So trank er sich wieder Courage an und sagte zum König, wenn er ihm zweihundert Taler gebe, dann wolle er der Mann sein, der auch eine zweite Nacht Wache stehe. Der König ließ ihn das nicht zweimal sagen, und gleich war es abgemacht. Danach verabschiedete Christian sich und ging in Begleitung von einigen Soldaten und Offizieren vor die Stadt spazieren. Er hatte die Taschen voller Geld, traktierte sie und hängte ihnen Haarbeutel an – was heißen will, daß er ihnen zu einem Rausch verhalf. Schließlich fing er an zu prahlen und hielt die jämmerlichen Kerls zum Narren, welche sich nicht getrauten, Wache zu stehen, weil sie Angst hatten, von der toten Prinzessin gefressen zu werden. Sie sollten doch schauen, wie

sie ihn gefressen habe! Und so verging der Tag in Lustigkeit und Freude.

Als es acht Uhr schlug, wurde Christian wieder allein in die Kirche eingeschlossen. Aber noch ehe zwei Stunden vorüber waren, langweilte er sich so sehr, daß er nur mehr daran dachte, wie er entschlüpfen könnte. Er fand ein Pförtchen in der Nähe des Altars, welches unverschlossen war, und um zehn Uhr schlich er sich zu demselben hinaus und wollte eilig zum Strand hinunter. Er hatte die Hälfte des Weges hinter sich gebracht, da erschien dasselbe Männchen wie am Vortag und sagte: »Ah, guten Abend, Christian, wo willst du denn noch hin?«

»Ich habe die Erlaubnis, hinzugehen, wohin ich will«, erwiderte der Schmiedgeselle, aber er merkte zu gleicher Zeit, daß er den Fuß nicht mehr von der Stelle bewegen konnte.

»Nein«, antwortete das Männchen, »du hast dich als Wache verdingt; da mußt du schon auf deinem Posten bleiben.« Es nahm den Christian mit sich und transportierte ihn geradewegs zu dem Pförtchen zurück, durch das der Bursche herausgeschlüpft war. »Geh vor zum Altar«, sagte es, »und nimm das Meßbuch in die Hand! Bleibe dort stehen, bis du den Sargdeckel wieder zuschlagen hörst, dann wirst du nicht den geringsten Schaden erleiden.« Und damit hatte das Männchen Christian durch das Pförtchen hinein in die Kirche geschoben und hinter ihm zugeschlossen.

Christian ging zum Altar und nahm das Meßbuch in die Hand und stand noch ebenso da, als die Glocke zwölf schlug. Das Gespenst sprang aus seinem Sarg und schrie: »Wache, wo bist du? Wache, wo bist du?« Es fuhr auf die Kanzel los und hinauf, aber da stand die Wache heute nicht. Da schrie das Gespenst noch wilder und heulte:

»Läßt man mich liegen ohne Wacht?
Ha, Krieg und Pest nach Mitternacht!«

Im selben Augenblick gewahrte es den Schmiedgesellen vorn am Altar und schrie: »Ah, stehst du heute da?« Es stürzte zu ihm hin und wollte auf ihn los, doch kam es nicht über den Betstaffel, das sind die Stufen des Altars, hinaus und konnte ihm nichts anhaben. Es tobte und drohte in ohnmächtiger Wut, bis es ein Uhr schlug. Da mußte es wieder in den Sarg zurück, und Christian hörte den Deckel über ihm zuschlagen. Heute hatte das Gespenst nicht mehr so gefährlich ausgesehen wie in der vorigen Nacht; es war zwar noch wollig, doch hatte es keine Stacheln mehr.
Als es wieder still und ruhig in der Kirche war, legte sich Christian beim Altar nieder und schlief fest, bis am Morgen der Oberst kam, ihn holte und zum König brachte. Dort bekam er sein Geld und gab wieder keine Erklärung ab, ob er die Prinzessin gesehen habe oder nicht, und den Posten mochte er auch nicht noch einmal beziehen. Als er aber ein gutes Frühstück bekommen und sich des Königs gute alte Weine hatte schmecken lassen, erklärte er, auch heute am Sarg der Prinzessin Wache halten zu wollen. Er tue es aber nicht billiger als für das halbe Königreich, sagte er, denn es sei ein sehr gefährlicher Posten. Der König ging darauf ein, und der Rest des Tages verlief wie der vorige.
Christian war wieder der großprahlerische Soldat und lustige Schmiedgesell und hatte genug Kameraden und Zechkumpane. Als es aber acht Uhr war, mußte er wieder ins Zeug und wurde in die Kirche eingesperrt.
Er war noch längst keine Stunde darinnen, da kam er zur Besinnung und dachte: »Es ist doch das Beste, aufzuhören, solange das Spiel noch schön ist.« Die dritte Nacht würde allem Anschein nach die schlimmste werden. Des-

halb wollte er davon, aber früher als die vorherigen Male, um auf diese Weise, so hoffte er, dem Männchen zu entwischen. Alle Tore und Pforten waren fest verschlossen, aber endlich gelang es ihm, zu einem Fenster hinaufzuklettern und durch dasselbe eine Öffnung zu brechen. Schlag neun kroch er durch dieselbe hindurch, und wiewohl das Fenster hoch oben lag, kam er doch mit heilen Gliedern auf die Erde. Er begann zu rennen und lief schnurstracks zum Strand, ohne jemandem zu begegnen. Geschwind sprang er ins Boot und stieß vom Lande ab und lachte ordentlich im Herzen, weil er diesmal so schlau gewesen war und das Männchen überlistet hatte.

Zu früh gefreut! Plötzlich hörte er die Stimme des Männchens vom Lande herüberschallen: »Ah, guten Abend, Christian! Wohin denn noch?« Er antwortete nichts darauf und dachte nur bei sich: »Ha, heute abend ziehst du doch den kürzern!« Fest griff er mit dem Ruder ein, aber da merkte er, daß eine unsichtbare Macht sein Boot erfaßte und an Land zog, so sehr er sich auch dagegen wehrte. Am Ufer nahm ihn das Männchen beim Kragen und sagte: »Du mußt auf deinem Posten bleiben, wie du es versprochen hast.« Da half kein Sträuben, er mußte dem Männchen hübsch zur Kirche zurück folgen. »Ja, durch das Fenster kann ich nicht wieder hineinkommen; das liegt zu hoch oben«, sagte Christian.

»Da mußt du hinein und wirst es auch können!« sagte das Männchen, und bei diesen Worten hob es den Christian zum Fensterrahmen hinauf und fuhr fort: »Gib nun wohl Obacht, was du heute zu tun hast: Du mußt dich der Länge nach links neben den Sarg legen. Der Deckel springt nach rechts auf, und das Gespenst fährt nach der linken Seite heraus. Wenn dasselbe dann über dich hinweggesprungen ist, legst du dich so schnell als möglich selbst in den Sarg, aber ohne daß es das Gespenst sehen darf. Und da bleibst du liegen bis zum Morgengrauen, auch wenn dich das Gespenst noch so wütend anfährt oder mild und freundlich bittet. Gib nichts darauf und antworte nicht, dann hat es keine Macht über dich, und ihr beide seid am Morgen gerettet und erlöst.«

Der Schmiedgeselle mußte nun wieder so durch das Fenster in die Kirche hinein, wie er herausgekrochen war. Er legte sich gleich links neben dem Sarg nieder, knapp an denselben geschmiegt, und blieb da liegen steif wie ein Stock, bis die Glocke zwölf schlug. Da sprang der Sargdeckel nach rechts auf und das Gespenst gerade über ihn hinweg in die Kirche zum Altar, wobei es schauerlich schrie: »Wache, wo bist du? Wache, wo bist du?« Aber am Altar fand sich die Wache heute nicht, und so schrie das Gespenst wieder:

»Läßt man mich liegen ohne Wacht?
Ha, Krieg und Pest nach Mitternacht!«

Darauf fuhr es in der Kirche auf und nieder und heulte und jammerte:

»Drei Tag' lang fast' ich schon! Verderben
muß ich jetzt wohl und Hungers sterben!«

Endlich kam es zum Sarg zurück und sah den Burschen darin liegen. »Nun sollst du den allerschrecklichsten Tod erleiden!« heulte es so laut, daß es in allen Gewölben der Kirche widerhallte. Es tappte und polterte mit Schreien und Winseln um den Sarg herum, daß Christian die Haare zu Berge standen. Aber sonst rührte sich nichts an ihm; er blieb stumm und steif im Sarge liegen, und so konnte ihm das Gespenst der Prinzessin nichts tun. Auf einmal war es eine Weile fort, und als es zurückkam, sah es aus wie ein richtiges menschliches Wesen, nur war es so weiß wie ein Leintuch. Es setzte sich an den Sarg, sprach in mildem Ton zu dem Burschen und bat ihn freundlich, doch aufzustehen, damit es endlich zur Ruhe kommen könne. Aber er blieb weiter stille liegen und redete nicht und regte sich nicht, bis es vom Turm herab eins schlug. Da erklang eine leise Musik, die sich immer mehr verstärkte und bald die ganze Kirche erfüllte. Christian vernahm Tritte, als ob sich die Kirche mit Menschen füllte, und hörte dann, wie der Priester am Altar die Messe las. Dazu ertönte ein Gesang, so lieblich, wie er noch keinen je gehört hatte. Der Priester sprach ein Dankgebet, daß Krieg, Pest und Unglück das Land nicht heimgesucht hatten und des Königs Tochter erlöst und gerettet worden war. Viele Stimmen fielen ein und stimmten ein Danklied an. Darauf hörte Christian seinen und der Prinzessin Namen nennen, und es schien ihm, als würden sie getraut. Wieder vernahm er viele Fußtritte, als ob die Leute die Kirche jetzt verließen. Die Musik tönte leiser und leiser, bis sie schließlich ganz verklang, und als alles schwieg, brach das volle Tageslicht durch die Fensterscheiben.

Der Schmiedgeselle sprang aus dem Sarg heraus, fiel auf die Knie und dankte Gott. Die Kirche war leer, aber vorne beim Altar lag die Prinzessin weiß und rot wie ein lebendiger Mensch. Sie weinte schluchzend und zitterte vor Kälte in ihrem Leichengewand. Christian nahm seinen Soldatenmantel und hüllte die Prinzessin darin ein. Sie trocknete ihre Tränen, reichte ihm die Hand und dankte ihm, daß er sie von der Verzauberung errettet habe, welche von ihrer wunderlichen Geburt herrühre. Sie sei ihr verfallen, weil ihr Vater das Gebot der weisen Frau übertreten habe. Darauf fragte sie ihn, ob er sie nun zur Frau haben wolle. Wenn nicht, so werde sie in ein Kloster gehen, doch dürfe er sein Lebtag keine andere heiraten, weil er gerade eben, in der Totenmesse, mit ihr getraut worden sei. Sie war jetzt die schönste und lieblichste Prinzessin, die man irgend finden konnte, und er war ja nach dieser Nacht Herr über das halbe Königreich geworden; so wurden sie einig, einander lieben und miteinander leben zu wollen bis ans Ende ihrer Tage.

Mit dem ersten Sonnenstrahl wurde die Kirchentür aufgeschlossen, und herein kam nicht allein der Oberst, sondern auch der König selbst, um zu sehen, was aus dem Wachtposten geworden war. Da fanden sie die Prinzessin Hand in Hand mit ihm auf dem Betstaffel vor dem Altar sitzen. Der König schloß seine Tochter in die Arme und dankte Gott und ihrem Retter für die Erlösung. Er machte keine Einwendung gegen ihre Verlobung, und so hielt der Schmiedgeselle mit der Königstochter Hochzeit. Er bekam gleich das halbe Königreich und dann auch das ganze, als der alte König gestorben war.
Viele, viele Jahre danach, als der Marmorboden der alten Kirche restauriert wurde, fand man in der Mitte desselben einen losen Stein und entdeckte darunter ein geheimes Gewölbe. Darin lagen alle Leichen der Schildwachen, die bei dem Sarg der toten Prinzessin gestanden hatten, und allen war der Hals gebrochen. Das hatte der böse Geist getan, von dem sie besessen gewesen war, und hatte jede Nacht drei Tropfen Blut von denselben getrunken.

[Märchen aus Dänemark]

Die Wünsche

Es war einmal eine arme Frau, die hatte einen einzigen Sohn, und der hieß Lars. Er wurde von allen aber immer nur der »faule Lars« genannt, denn er war so über die Maßen faul, daß er rein nichts anderes tun wollte, als nur immer zu Hause in seiner Mutter Kachelofenwinkel zu hocken. Und wenn ihn seine Mutter bat, ihr irgend etwas zu besorgen, so war seine gewöhnliche Redensart: »Ja, wenn ich möchte!« Aber sonst war er seelenvergnügt und fügte sich gern seiner Mutter: wenn er denn mochte!
Eines Tages fragte ihn die Mutter, ob er ihr nicht einen Eimer Wasser unten vom Bach holen wolle. »Ja, wenn ich möchte!« sagte Lars und reckte und streckte sich viele Male, bis er sich endlich entschließen konnte, den Eimer zu nehmen und fortzugehen.
Er kam zum Bach und tauchte den Eimer auch unter, aber es dauerte eine gute Weile, bis er die Schnur wieder anfassen und den Eimer heraufziehen mochte. Der Eimer stand ruhig auf dem Grund und wurde zur Falle für einen Fisch, der sich hineinverirrte und gar nicht erfreut war, als es auf einmal mit einem Ruck in die Höhe ging. Verzweifelt schwamm er in dem Eimer herum, und da die Fische zu jener Zeit noch nicht stumm waren, wenigstens nicht alle, begann er zu reden und bat den Lars, ihn wieder in den Bach zu setzen. »Nein«, sagte Lars, »bin ich schon einmal unverhofft zu einem Fisch gekommen, so will ich ihn auch mit heimnehmen und ihn mir zum Abendessen braten.«
Da sagte der Fisch: »Wenn du mich freiläßt, will ich dir

drei Wünsche gewähren: Dreimal darfst du dir etwas wünschen, und es wird in Erfüllung gehen.«
»Ja, das ist eine andere Sache!« dachte der Lars, und er packte den Fisch beim Schwanz und schleuderte ihn in den Bach zurück. Darauf wollte er mit seinem Eimer heimgehen, aber der war voll bedeutend schwerer nach Haus zu tragen als vorher leer zum Bach. Lars machte ein paar Schritte vorwärts und kam zu der Stelle, wo seine Mutter gewöhnlich die Wäsche wusch. Da lag ihr Waschbrett, und da stand ihre Waschbank. Müde von der großen Anstrengung, stellte Lars den Eimer auf die Bank und setzte sich rittlings daneben, um ein wenig zu verschnaufen.
Auf einmal fiel ihm ein, jetzt gleich zu probieren, ob es mit den drei Wünschen, die ihm der Fisch gewährt hatte, auch seine Richtigkeit habe. Und er wünschte sich, daß diese Waschbank ihn überall hintragen müsse, wohin er nur wolle, über Wasser und Land, denn dann bräuchte er sich nie mehr so zu plagen. Zuerst wollte er mit dem Eimer nach Haus. Kaum hatte er es gewünscht, erhob sich die Bank und segelte mit ihm und dem Eimer durch die Luft heim zur Mutter. »Das war lustig!« dachte Lars, »nur weiter so!«
Und er ritt weiter herum, rittlings auf der Waschbank sitzend, vor sich den Eimer, und kam bald ans Königsschloß. Da traf es sich, daß des Königs Tochter am Fenster stand, die jung und lachlustig war. Als sie diese seltsame Luftschiffahrt sah, brach sie in helles Lachen aus, rief ihre Hofdamen, und die kamen und stimmten mit ein. Das ärgerte den Lars, und ehe er sich dessen versah, flüsterte er vor sich hin: »O daß du einen kleinen Buben kriegen möchtest und selber ausgelacht würdest, du Fratzenschneiderin!«
Das Lachen hatte ihm die ganze Reiterei verleidet; er wollte jetzt am liebsten wieder bei seiner Mutter sein, und augenblicklich war er mitsamt seinem Eimer und allem daheim. Lars erzählte der Mutter aber nichts von dem Fisch

und den Wünschen, denn er freute sich gar nicht mehr darüber. Sein erster Wunsch hatte ihm nur Spott eingebracht, und der zweite war ihm einfach so herausgeschlüpft. Da wollte er sich wenigstens mit dem dritten – dem letzten! – Zeit lassen und so lange damit zurückhalten, bis er älter geworden und zur Vernunft gekommen war.

Es liegt auf der flachen Hand, daß Lars bei seinem zweiten Wunsch an nichts dachte. Er wollte nur seinem augenblicklichen Ärger Luft machen, das war alles. Für die Prinzessin ging die Geschichte aber weiter, denn nach neun Monaten brachte sie einen hübschen pausbackigen Jungen zur Welt. Darüber wurde der König sehr böse und wollte durchaus von ihr wissen, wer der Vater sei. Aber das konnte ihm die Prinzessin nicht sagen, sie ahnte es ja selber nicht! Da sandte der König Boten zu den weisesten Männern des Reiches, und die gaben den Rat, die Sache geheimzuhalten, bis der Knabe drei Jahre alt geworden sei. Dann erst sollten alle Mannsleute des Landes aufgerufen werden, sich zu versammeln. Sie sollten in Reihen aufgestellt und einer nach dem anderen an dem Knaben vorbeigeführt werden. Der Knabe aber solle mit einem goldenen Apfel in der Hand dastehen, und derjenige, welchem er den Apfel gebe, der sei gewiß des Kindes Vater. Der König befolgte diesen Rat, und drei Jahre lang blieb alles ruhig und stille.

Als diese Zeit um war, ging die Botschaft durchs ganze Land, daß sich alles, was männlichen Geschlechtes sei, hoch und nieder, an einem bestimmten Tag vor dem Schloß des Königs einzufinden habe. Die Mannsleute wurden in Reihen aufgestellt und an der Schloßtreppe vorbeigeführt, auf welcher der Knabe mit dem goldenen Apfel stand. Endlich waren alle vorbeigezogen, Mann für Mann, vom ersten bis zum letzten, aber der Kleine hatte seinen Apfel keinem gegeben. Er hielt ihn noch immer in der Hand.

Da ließ der König ausrufen, wenn irgendein Mann zu Hause geblieben sei, so müsse er sich auf der Stelle melden, oder es koste ihn das Leben. Einer der Rottenmeister sagte darauf, daß ihm allerdings noch eine arme Frau bekannt sei, welche einen faulen Sohn zu Hause habe, der nicht auf der Versammlung gewesen sei; aber ob das etwas zu bedeuten habe? Der König befahl jedoch, er müsse kommen so gut wie jeder andere. So wurde denn nach dem faulen Lars geschickt, und der mußte sich eilen, mehr, als er es je im Leben getan. Und sobald der Kleine ihn zu sehen bekam, lief er zu ihm und gab ihm den Apfel.
Als der König sah, was der Vater des Sohnes seiner Tochter für ein Kerl war, da wurde er erst recht zornig. Er befahl der Prinzessin, das Reich zu verlassen und ihm nie mehr unter die Augen zu kommen. Das Kind wollte er auch nicht mehr sehen, und Lars mußte mit ihnen gehen.
Der Lars setzte die Prinzessin und den Knaben neben sich auf seiner Mutter Waschbank, wünschte sich aus dem Reiche des Königs hinaus, und schon segelte die Bank mit allen dreien davon. Wie die Prinzessin auf so sonderbare Weise reisen mußte, fiel ihr ein, daß sie den Lars früher schon einmal gesehen. Es war ihr aber ein Rätsel, wie sie zu dem Kind gekommen und wie Lars der Vater desselben sein solle. Sie fragte ihn drum, ob er ihr dieses Rätsel lösen könne.
Da erzählte er ihr von den drei Wünschen, die der Fisch ihm gewährt, wie er den ersten getan und dann im Zorn drauf den zweiten, durch den nun sowohl er als auch sie zu dem Knaben gekommen. »Aber deinen dritten Wunsch, den hast du doch noch?« fragte die Prinzessin schnell.
Ja, antwortete Lars, den habe er noch und wolle ihn aufsparen, bis er zu mehr Verstand gekommen sei.
»Das bist du schon jetzt«, sagte die Prinzessin, »wenn du das Wünschen mir überläßt!« Sie füllte ihre Schürze mit lauter kleinen Steinchen und schlug dem Lars vor, er solle

sich als drittes gerade so viele Wünsche erbitten, wie sie Steine in ihrer Schürze habe. Das tat Lars denn auch, und nun hatten sie so viele Wünsche frei, daß sie fürs erste nicht zu fürchten brauchten, sie würden ihnen ausgehen.

Dann machten sie miteinander aus, daß der Lars immer erst wünschen solle, nachdem die Prinzessin ihm den Wunsch vorgesagt habe, und so halfen sie sich gegenseitig. Zuerst wünschten sie sich ein Schloß, welches viel prächtiger sein sollte als das des Königs, mit einem Garten drum herum, welcher ebenfalls viel schöner und größer sein sollte als der des Königs. Darauf wünschten sie sich alles, was zu einer wohlbesetzten Tafel notwendig ist, also sowohl Speisen wie auch Wein, und zugleich, daß der König mit seinem ganzen Hofstaat zu dem Gastmahl kommen möchte.

Alles geschah, wie sie es wünschten, und als der König Schloß und Tafel sah, war er nahe daran, Mund und Nase über all die Pracht und Herrlichkeit zu verlieren. Dieser Schwiegersohn war nicht zu verachten! Das war ja ein ganz anderer Mann als der, für den er ihn vorher angeschaut! Und auf einmal herrschte die dickste Freundschaft zwischen ihnen.

Während sich alle von der Tafel erhoben, wünschten die Prinzessin und ihr Mann heimlich die Gabeln und alles Silbergeschirr in die Taschen des Königs, und zugleich sagte die Prinzessin laut: »Man sollte nicht glauben, daß sich Diebe unter uns befinden! Aber es ist nicht zu übersehen, daß auf einmal alles Silberzeug von der Tafel verschwunden ist.« Darauf sagte der König, es wäre schändlich, wenn sich solche Leute in seinem Gefolge aufhielten, und befahl, daß alle ihre Taschen umkehren müßten. Es wurde aber nichts gefunden, bis zuletzt die Reihe an ihn kam: Er wendete seine Taschen um, und alles Siberzeug fiel heraus. Ganz entsetzt und beschämt stand er nun da und sagte, er könne gar nicht begreifen, wie das wohl zu-

gegangen sei. Da ergriff die Prinzessin das Wort und sprach: »Ebensowenig konnte ich begreifen, wieso ich ein Kind bekam. Das eine wie das andere aber kommt vom Wünschen, und ich bin jetzt so recht glücklich mit meinem Lars, daß ich mir mein Lebtag keinen andern Mann wünsche.«
Der König erkannte den faulen Lars feierlichst als seinen rechten Schwiegersohn an, der nach seinem Tode das Reich und die ganze Herrlichkeit erben sollte. Viele Große des Reiches nahmen ihm das aber übel und waren mißgestimmt, daß ein solcher Bettelbube einmal über sie regieren würde. Deshalb wünschten die Prinzessin und Prinz Lars diesen Großen beim Abschied, daß ihnen die Nasen recht groß und lang wachsen sollten. Der Wunsch ging in Erfüllung, und als die feinen Herren vom Festmahl nach Hause kamen und aus ihren Wagen steigen wollten, waren ihre Nasen so lang geworden, daß sie darüber stolperten, hinfielen und die Beine brachen.
[Märchen aus Dänemark]

Die drei Brüder oder
Kater, Hahn und Leiter

Es waren einmal drei Brüder, und der älteste hieß Yvon, der jüngere Goulven und der jüngste Guyon. Ihre Mutter war gestorben, und so baten sie ihren Vater, er möge jedem das Erbteil geben, das ihm zustehe, denn sie wollten in die weite Welt gehen, um ihr Glück zu suchen. »Geht nur, geht«, sagte ihr alter Vater, »aber ihr wißt, wir sind nicht reich. Ein Kater, ein Hahn und eine Leiter, das ist alles, was ich euch geben kann.«
»Gut«, entgegneten die drei, »so laßt uns denn auslosen, was ein jeder bekommen soll!« Sie zogen das Los, und der Kater fiel an Yvon, der Hahn an Goulven und die Leiter an Guyon. Darauf nahm ein jeder seinen Teil und machte sich reisefertig. Der Vater begleitete sie bis zu einer nahen Wegkreuzung, von der vier Straßen in entgegengesetzter Richtung ausgingen, und nachdem sie verabredet hatten, sich nach Ablauf von Jahr und Tag am selben Ort wiederzutreffen, nahmen sie Abschied voneinander. Ein jeder schritt in seiner Richtung fürbaß, und der Vater kehrte allein nach Hause zurück.
Der Weg, den Yvon mit seinem Kater eingeschlagen hatte, führte ihn zum Meer, und lange wanderte er am Strand entlang, ohne eine menschliche Behausung zu entdecken. So mußten sein Kamerad und er sich mehrere Tage lang einzig von allerlei Muscheln ernähren, vor allem von Miesmuscheln und Schnecken, welche Katzen so sehr lieben, daß sie dafür selbst eines ihrer Augen hingäben. Sie kamen endlich zu einer Mühle; nicht weit davon entfernt erhoben sich hoch auf dem Felsen die Mauern und Türme eines Schlosses.

Yvon trat in die Mühle ein und trug seinen Kater auf dem Arm. Da sah er vier Männer in Hemdsärmeln und mit Stöcken bewaffnet, welche emsig damit beschäftigt waren, die überall herumtrippelnden Mäuse zu jagen, um sie daran zu hindern, Löcher in die Säcke zu nagen und sich über das Mehl herzumachen. »Was strengt ihr euch so an wegen einer solchen Kleinigkeit!« rief er ihnen zu.
»Wie? Kleinigkeit? Seht Ihr denn nicht, daß diese verfluchten Tiere alles Korn und Mehl auffressen würden, so daß wir Hungers sterben müßten, wenn wir sie gewähren ließen?«
»Gut, gut! Ich habe hier ein Tierchen«, Yvon zeigte ihnen seinen Kater, »welches in einer einzigen Stunde, und dazu noch ganz allein, gründlichere Arbeit leisten kann als ihr vier in einem ganzen Jahr. In allerkürzester Zeit hat es euch von der Mäuseplage befreit!«
»Das kleine Tierchen? Ihr macht Euch lustig! Es sieht gar nicht gefährlich aus, das..., wie nennt Ihr es gleich?« fragten die vier Männer verdutzt, denn in jenem Land waren Katzen unbekannt.
»Ich sage *Monseigneur le chat*, Herr Kater, zu ihm. Wollt ihr sehen, was er fertigbringt?«
»Ja, laßt einmal sehen, was er kann!«
Yvon ließ den hungrigen Kater frei. Die Mäuse hatten keine Angst vor ihm, weil sie noch niemals einem solchen Tier begegnet waren. So flüchteten sie nicht in ihre Löcher, und der Kater richtete ein entsetzliches Blutbad unter ihnen an. Die vier Männer sahen starr vor Staunen zu. In weniger als einer Stunde lagen überall in der Mühle tote Mäuse zuhauf! Der Müller und seine Männer konnten sich vor Verwunderung nicht fassen. Einer von ihnen lief ins Schloß, um den Schloßherrn zu holen. »Sputet Euch, Herr, und kommt in die Mühle! Ihr werdet dort etwas sehen, was Ihr Euer Lebtag noch nicht gesehen habt!«
»Was denn?« fragte der Schloßherr.

»Ein Mann ist dort, wir wissen nicht, aus welchem Land er stammt, und hat ein kleines Tier bei sich. Das Tierchen sieht recht lieb und sanft aus, aber in einem Augenblick hat es alle Mäuse totgebissen, gegen die wir unser Korn und Mehl immer nur mit der allergrößter Mühe haben schützen können.«

»Wenn das doch wahr wäre!« rief der Herr und lief zur Mühle.

Als er sah, was der Kater vollbracht hatte, sperrte er Augen und Mund vor Bewunderung weit auf. Und als er dann auf Yvons Arm den Urheber dieses Blutbades bemerkte, satt und friedlich, die Augen halb geschlossen und wie ein Spinnrad schnurrend, fragte er mit noch größerer Verblüffung: »Und es war wirklich und wahrhaftig dieses sanfte Tierchen, das so tapfer gekämpft hat?«

»Wahrhaftig, Monseigneur, es war dieses Tierchen«, antworteten die vier Männer mit den Stöcken.

»Welch ein Schatz, solch ein Tier! Ach, wenn es doch mir gehörte!« rief der Herr, und er fragte Yvon: »Wollt Ihr es mir nicht verkaufen?«

»Warum nicht?« erwiderte Yvon und strich seinem Kater über den Rücken.

»Wieviel wollt Ihr dafür?«

»Sechshundert Taler, dazu für mich freie Kost und Logis in Eurem Schloß, denn mein Freund würde weniger gut arbeiten, wenn ich nicht bei ihm bliebe.«

»Einverstanden! Schlagt ein!« Und sie besiegelten ihr Geschäft mit einem Handschlag.

So lebte Yvon fortan im Schloß und hatte nichts anderes zu tun als zu essen, zu trinken, spazierenzugehen und von Zeit zu Zeit in der Mühle nach dem Kater zu sehen. Er war der Freund des Schloßherrn geworden und hatte auch dessen Tochter für sich gewonnen, denn er war ein hübscher Bursche. Seine Beziehungen zu dem Fräulein wurden sogar überaus innig, und er erhielt von ihr alles, was er

wollte, an Gold und Edelsteinen. Aber es kam der Augenblick, da er dachte, es sei klüger, sich aus dem Staub zu machen. So verschwand er eines Nachts ohne ein Wort und nahm das beste Pferd aus dem Stall mit, das sollte ihn selbst tragen und alles, was er auf dem Schloß erworben.
Kümmern wir uns nun nicht weiter um ihn, denn sein Glück ist gemacht, sondern sehen einmal, wie es Goulven und seinem Hahn inzwischen ergangen ist.
Nachdem Goulven lange gewandert war und es ihn weiter und weiter getrieben hatte, gelangte er schließlich in ein Land, in dem es keine Hähne gab. Eines Abends gegen Sonnenuntergang kam er müde und erschöpft zu einem schönen Schloß und klopfte an das Tor. »Was wollt Ihr?« fragte der Pförtner.
»Wir bitten um eine Herberge für die Nacht, mein Kamerad und ich.«
»Kommt herein!« sagte der Pförtner, »Ihr könnt bleiben, denn mein Herr ist barmherzig.«
Goulven aß mit den Bedienten in der Küche und legte sich dann im Pferdestall bei den Fuhrleuten und Stallburschen schlafen. Seinen Hahn nahm er mit.
In jenem Land ging man jeden neuen Tag des Nachts holen, und so hörte Goulven an seinem Schlafplatz auf dem Speicher über dem Stall, wie Kutscher und Pferdeknechte sich unterhielten: »Wie müssen wir uns gleich wieder plagen, um den Tag heranzuschaffen! Wir wollen die Achse gut einfetten, damit der Karren leichter rollt und nicht wieder bricht wie neulich. So viele Karren sind schon umgestürzt, so viele Pferde zu Tode gekommen! Der Herr wird immer unzufriedener und schimpft, wir würden ihn noch zugrunde richten.«
»Ja, wir müssen die Achse gut einfetten, bevor wir uns ein wenig schlafen legen!«
Goulven hörte zu und war ganz erstaunt über das, was er da hörte. Ihm fiel ein, wie Schloßherr und Diener seinen

Hahn angestarrt und erklärt hatten, einen solchen Vogel noch niemals gesehen zu haben, und er beschloß, Nutzen daraus zu ziehen. Also rief er den Kutschern und Stallburschen zu: »Plagt euch doch nicht so und macht euch keine Sorgen, meine Freunde, ich nehme euch die Arbeit ab!«
»Wie? Ihr wollt uns die Arbeit abnehmen und ganz allein losziehen, um den morgigen Tag herzuschaffen?«
»Ja, ich ... und mein Kamerad.«
»Aber was ist, wenn es Euch nicht gelingt oder Ihr Euch verspätet? Unser Herr wird Euch auf der Stelle aufknüpfen lassen!«
»Das laßt unsere Sorge sein, sage ich euch! Geht ihr nur ruhig zu Bett!« Darauf gingen die Kutscher und Stallburschen schlafen und hatten weder die Wagenachse eingefettet noch andere Vorbereitungen getroffen.
Gegen drei Uhr morgens krähte der Hahn auf dem Dachboden.
Die Kutscher und Stallburschen schreckten aus dem Schlaf auf und schrien, da sie das Krähen nicht kannten: »Was ist das?«
»Ruhig, ruhig, meine Freunde«, antwortete Goulven, »laßt euch nicht stören! Mein Kamerad kündigt bloß an, daß er sich jetzt auf den Weg macht, um den Tag zu holen.«
Da schliefen sie beruhigt wieder ein.
Gegen vier Uhr krähte der Hahn zum zweiten Mal, und wieder wachten sie auf und schrien: »Was ist das?«
»Das ist mein Kamerad. Er meldet, daß er den Tag hergebracht hat. Steht auf und seht nach!«
Sie standen auf und sahen in der Tat, daß der neue Tag gekommen war, ohne daß sie ihn mit großer Mühe hatten herbeischaffen müssen, und darüber staunten sie sehr. Sie beeilten sich, ihren Herrn zu benachrichtigen. »Wenn Ihr wüßtet, Herr...!«
»Was denn? Was um alles in der Welt ist vorgefallen, daß ihr mich so früh weckt?«

»Ihr wißt doch, Herr, der Fremde, dem Ihr letzte Nacht Unterkunft gegeben habt, mit seinem Vogel, den er Hahn nennt...«

»Und, was hat er getan?«

»Was er getan hat? Nun, dieses kleine Tier, das so unscheinbar aussieht, ist stärker als alle Eure Pferde zusammen. Es könnte Euch viel Geld sparen und uns viel Arbeit. Stellt Euch vor: Heute früh, während wir friedlich schliefen, hat es allein und ganz ohne Pferd und Wagen den Tag hergebracht.«

»Aber das ist ganz und gar unmöglich! Ihr macht euch über mich lustig!«

»Und doch ist es wahr! Überzeugt Euch selbst! Ladet den Burschen ein, mit seinem Tierchen noch eine Zeitlang im Schloß zu bleiben, und wacht mit uns in der kommenden Nacht!«

»Gut! So sagt ihm, er soll bleiben, damit ich es mir ansehen kann.«

Am folgenden Abend gingen alle Diener, Stallburschen und Kutscher wie gewöhnlich nach dem Essen schlafen, und Goulven stieg mit seinem Hahn auf den Speicher. Er hatte ihnen gesagt, daß sie sich keine Sorgen machen sollten, und versprochen, den neuen Tag rechtzeitig zu holen. Gegen drei Uhr in der Nacht kam der Herr in den Stall, um selbst zu sehen und zu hören, wie die Sache vor sich ging. Da krähte der Hahn zum ersten Mal. »Was ist das?« fragte der Herr.

»Das ist mein Kamerad«, antwortete Goulven. »Er geht jetzt los, um den Tag zu holen. Seid unbesorgt und wartet ruhig ab. Es wird nicht lange dauern, und er ist wieder da!«

Um vier Uhr krähte der Hahn zum zweiten Mal.

»Warum hat der Hahn diesmal gekräht?« fragte der Herr.

»Weil er gerade mit dem Tag zurückgekehrt ist«, antwortete Goulven. »Geht vor die Tür und seht es Euch an!«

Der Herr verließ den Stall und sah nun in der Tat, daß der

neue Tag gekommen war, rosig und heiter – es war Mai – und ganz von allein, ohne daß seine Pferde und sein eisenbeschlagener Wagen ihn hatten herankarren müssen. Da war er hoch erfreut und konnte sich nicht fassen vor unsäglichem Staunen. Er rief Goulven und sagte zu ihm: »Der beinahe tägliche Verlust von Wagen und Pferden kommt mich teuer zu stehen. Wenn du mir also dein Tierchen verkaufen wolltest, würdest du mir einen großen Dienst erweisen. Was verlangst du dafür?«
»Tausend Taler«, erwiderte Goulven, »und dazu das Recht, mit ihm im Schloß zu bleiben, gut gekleidet und gut beköstigt zu werden und nichts anderes zu tun als herumzuspazieren, wo immer ich will.«
»Einverstanden«, sagte der Herr. Und so lebte denn Goulven fortan auf dem Schloß als glücklichster aller Menschen und hatte alle Tage nichts weiter zu tun als zu essen und zu trinken, zu schlafen und spazierenzugehen. Der Hahn für seinen Teil versäumte nie, den neuen Tag zur rechten Zeit zu holen, und so war jedermann sehr zufrieden mit ihren Diensten.
Goulven machte der Tochter des Schloßherrn mit Erfolg den Hof, er war ihr aufgefallen, weil er ein so schöner Bursche war, und handelte ebenso an ihr, wie wir es bereits weiter oben von Yvon gehört haben. Eines Tages, als er die Zeit dafür gekommen hielt, stahl er sich davon. Er nahm die tausend Taler mit, die ihm der Hahn eingebracht hatte, belud das beste Pferd aus dem Stall des Schloßherrn mit all den schönen Geschenken, welche ihm das Fräulein gegeben hatte, und ritt ohne Abschied fort.
So haben denn nun zwei der drei Brüder die günstige Gelegenheit, die sich ihnen bot, beim Schopf gepackt und ihr Glück gemacht, der eine durch seinen Kater, der zweite durch seinen Hahn. Sehen wir nun, was aus dem dritten, aus Guyon, dem Burschen mit der Leiter, geworden ist!
Lange Zeit war er immer geradeaus gewandert und hatte

seine Leiter dabei auf der Schulter getragen. Er hatte sich weiter und weiter von seiner Heimat entfernt und war schließlich zu einem schönen Schloß gelangt, welches auf allen Seiten von hohen Mauern und Dornengestrüpp umgeben war. An einem Turmfenster bemerkte er eine junge vornehme Dame von außergewöhnlicher Schönheit. Er blieb stehen und sah zu ihr hinauf. Sie lächelte ihm zu, und bald fingen die beiden eine Unterhaltung an. Die Dame erzählte ihm, daß ihr Ehemann, der Herr und Besitzer dieses Schlosses, ein böser, eifersüchtiger Mensch, abwesend sei. Er halte sie mit einer Dienerin als einziger Gesellschaft in diesem Turm gefangen und erlaube ihr nicht, irgend jemanden zu empfangen. Sie langweile sich sehr und wäre gar zu gern einmal ausgegangen, aber ihr Gemahl habe die Schlüssel an sich genommen, und so bleibe sie nun bis zu seiner Rückkehr am folgenden Morgen hinter Schloß und Riegel eingesperrt.
Darauf sagte Guyon: »Ich könnte auch ohne Schlüssel zu Euch gelangen, wenn Ihr es erlaubt!«
»Wie das? Könnt Ihr Euch etwa in einen Vogel verwandeln? Dieses Schloß betritt niemals ein anderer Mann als nur mein Ehemann, und sollte es doch einmal einem gelingen, würde er es wohl nicht lebend verlassen.«
»Nun, das werden wir sehen«, entgegnete Guyon und lehnte seine Leiter an den Turm. Aber ach, sie war zu kurz! Da ließen die Dame und ihre Dienerin Vorhänge zu ihm herunter, und so gelangte er alsbald zu ihnen hinauf. Zu ihrer großen Freude blieb er die ganze Nacht bei ihnen. Am nächsten Morgen verließ er sie auf demselben Wege, auf dem er gekommen war. Da er der jungen Frau und ihrer Dienerin großes Vergnügen bereitet hatte – niemals zuvor war ihnen ein derartiges Glück zuteil geworden –, ließen sie ihn nicht ziehen, ohne ihm die Taschen mit Juwelen und Diamanten zu füllen.
Guyon schritt langsam dahin und trug seine Leiter dabei

auf der Schulter. Da begegnete ihm der Schloßherr und rief ihm im Vorübergehen zu: »Ihr scheint sehr beladen und sehr müde zu sein, guter Mann!«

»Nicht zu sehr!« antwortete Guyon, und sie gingen beide weiter, jeder in seine Richtung.

Der Schloßherr hatte das Schloß kaum betreten, als ihm seine arglose junge Frau auch schon entgegeneilte und ihm in aller Unschuld erzählte, was sie in der vergangenen Nacht erlebt hatte –, war es doch das erste Mal, daß sie einen anderen Mann als ihren Ehemann aus der Nähe gesehen hatte. Zu ihrer großen Verwunderung geriet ihr Mann in großen Zorn. »Wie um alles in der Welt hat er denn in den Turm eindringen können?«

»Mit einem seltsamen Gerät, das er ›Leiter‹ nannte.«

»Und er hat die ganze Nacht mit Euch verbracht?«

»Aber ja! Und er hat uns so angenehm unterhalten, daß wir ihm seine Taschen zum Dank mit Gold und Edelsteinen gefüllt haben.«

»Unglückliche, was erzählt Ihr mir da? Demjenigen, der mich zum Hahnrei gemacht hat, auch noch mein Gold und meine Diamanten zu geben!« Und er war so wütend, daß er wild mit dem Fuß aufstampfte und sich die Haare raufte. »Ich laufe ihm nach, und wehe ihm, wenn ich ihn erwische!«

»Bitte, bitte, tut ihm nichts zuleide!« rief die junge Frau hinter ihm her und verstand gar nicht, was ihren Mann so aufgebracht hatte.

Der Mann nahm das beste Pferd aus dem Stall und setzte Guyon in Windeseile nach. Guyon war aber darauf gefaßt, verfolgt zu werden, und sah sich deshalb von Zeit zu Zeit um. Als er den Schloßherrn in der Ferne entdeckte, befand er sich gerade vor einem Haus am Rande der Straße, welches mit Schiefer gedeckt war. Er stellte seine Leiter an, kletterte auf das Dach und begann, Schieferplatten hinunterzuwerfen wie ein Dachdecker, der ein altes Dach aus-

bessert. Der Herr hielt sein Pferd vor dem Haus an und rief zu Guyon hinauf: »He, Dachdecker, habt Ihr nicht einen Mann mit einer Leiter auf der Schulter hier vorbeikommen sehen?«
»Aber ja, Monseigneur, vor einem Augenblick erst!«
»In welche Richtung ist er gegangen?«
»Immer geradeaus, dort entlang! Wartet, man kann ihn von hier aus noch sehen! Schnell, kommt herauf und seht selbst!«
Guyon stieg vom Dach hinunter, der Herr vom Pferd und die Leiter herauf. Sobald er oben war, nahm Guyon seine Leiter und sprang aufs Pferd. Er ritt im Galopp davon und ließ den Herrn fluchend und tobend auf dem Dach zurück.
Als Jahr und Tag vorüber waren, fanden die drei Brüder sich wieder bei der Wegkreuzung ein, hoch zu Roß und wie vornehme Herren gekleidet; ihr Vater wartete schon auf sie.
So hatten die drei denn mit Kater, Hahn und Leiter ihr Glück gemacht. Sie heirateten reich und ließen sich drei schöne Schlösser bauen, eines für jeden von ihnen, und ein viertes, schöner als die anderen, für ihren alten Vater.
[Märchen aus der Bretagne]

Der Wurzelklauber

❧·❧·❧·❧

Ein armer Wurzelklauber hatte ein böses Weib, das fluchte und schalt den ganzen Tag und machte ihm das Leben recht sauer. So war es kein Wunder, daß er zuzeiten dachte: »Ach, wenn ich von diesem Kunter, von diesem bösartigen Weib, nur loskommen könnte!«
Einmal ging er wieder in den Wald, um Wurzeln zu suchen, und stieg den Berg auf und nieder, daß ihm der Schweiß von der Stirne rann. Als er seinen Sack endlich gefüllt hatte, warf er ihn über den Rücken, nahm seinen Knotenstock zur Hand und machte sich nach glücklich vollbrachtem Tagewerk auf den Heimweg. Siehe, da glitt eine aschgraue Schlange auf ihn zu. Lautlos schlängelte sie sich durch Moos und Gebüsch und kam näher und näher. Derlei Getier begegnete dem Mann oft auf seinen Berggängen, und er fürchtete sich wenig davor. Er blieb stehen.
»Schau, schau, den Balg könnt ich wohl brauchen!« rief er und hob seinen gewaltigen Knotenstock. Doch noch ehe er zuschlagen konnte, sprach die Schlange mit feiner Mädchenstimme: »Halt ein und schone mein Leben!«
»Das ist mir mein Lebtag noch nicht vorgekommen!« dachte der Kräutersammler und wunderte sich, daß eine Schlange sprechen könne. Nun fing er doch an, sich ein wenig zu fürchten, und fragte recht kleinlaut: »Wer bist du?« Da antwortete die Schlange: »Ich war ein Mensch wie du. Einmal aber badete ich in dem See dort. Mein jähzorniger Vater sah mich, stieß einen entsetzlichen Fluch aus und warf mir die Goldkette, die ich noch immer trage, um den Hals. Da war ich gleich eine Schlange. Löse die

Kette ab und laß mich mit dir gehen; ich kann dir in manchem behilflich sein.« Sacht hob der Wurzelsammler die Schlange auf und trug sie zu sich nach Hause. Er legte sie auf dem Tisch nieder und befreite sie von der Kette. Darauf tat er sie in ein großes Stockglas und deckte es zu. Da gab es einen gewaltigen Krach. Das Glas zersprang in tausend Scherben, die Schlange verschwand, und ein wunderschönes Mädchen stand vor ihm auf dem Tisch.
Es brauchte eine geraume Zeit, bis er sich von seinem Schrecken erholte. Als er dann mit dem Mädchen zu sprechen anfing, sagte sie ihm, er möge zum See hinaufgehen; dort werde er ein Schmuckkästchen finden, das solle ihm gehören. Sein böses Weib aber lauschte an der Tür und hörte alles mit an. Das Mädchen huschte gerade zum Fenster hinaus, da riß es die Stubentür auf und lästerte den treulosen Mann. Als seine Xanthippe ausgetobt hatte, erzählte er ihr von der Schlange und von der Goldkette, welche er noch immer in der Hand hielt. Sie wollte ihm aber nicht glauben und schüttete eine neue Flut von Beschimpfungen über seine Untreue aus. Da fragte er: »Soll ich's an dir erproben?«
»Ja, versuch's nur, wenn du kannst!« sagte sie darauf. Er warf ihr die Goldkette um den Hals, und augenblicklich wurde aus ihr eine Schlange. Er hob sie auf, legte sie in das Glas und schloß es fest zu. Da lag sie nun, seine zänkische Alte, im engen Glasgefängnis, und krümmte sich vor ohnmächtiger Wut. »Laß mich frei, laß mich frei!« kreischte sie.
»Ja, wenn du anders wirst!«
Doch das wollte sie nicht versprechen. Sie zischte, teufelte und tobte, bis das Glas zersprang und sie tot zu Boden fiel. So war der geplagte Mann denn von seinem bösen Weib erlöst, ging eilends an das Ufer des Sees und fand dort das Kästchen mit den herrlichsten Schmucksachen. Wer war nun froher als der gute Wurzelsammler! Was ihn unglück-

lich machte, hatte er verloren, und was ihn giücklich machte, gefunden: einen ungeheuren Reichtum und noch etwas, was das Beste war: eine junge, schöne Braut. Bald kam nämlich das Mädchen daher, reichte ihm die Hand und führte ihn in das stolze Schloß am See. Dort gab es eine prächtige Hochzeit.

[Märchen aus Kärnten]

Der dumme Bauer

Es war einmal ein armer dummer Bauer, der hatte einen klugen Nachbarn. Zu dem ging er jeden Abend und fragte ihn, was er am andern Morgen zu tun gedenke, und wenn er's ihm gesagt hatte, so tat er das gleiche und kam auf diese Weise mit vorwärts. Endlich aber verdroß den klugen Bauern das ewige Fragen, und er beschloß, seinem Nachbarn einen bösen Streich zu spielen. Als der am Abend zu ihm kam, sagte ihm der Kluge, er wolle am folgenden Morgen sein Scheunfach umhaken. Der Dumme nahm die Auskunft für ernst und zog am nächsten Tag mit Ochsen und Haken auf die Scheundiele. Der Nachbar sah es und lachte, aber der Dumme hakte drauflos und machte sich keine Gedanken darüber, was er da später säen wolle. Nach einiger Zeit stieß die Hakenspitze an einen harten Gegenstand, und er mußte innehalten. Als er näher zusah, fand er einen Grapen mit Gold, lief ins Haus und zeigte seiner Frau den Fund. Der Nachbar aber, als er's hörte, ärgerte sich, daß sein übler Rat dem Dummen zum Glücke ausgeschlagen war.

[Märchen aus Mecklenburg]

Die guten Tage

Zu Cesena in der Romagna lebte einst eine arme, aber rechtschaffene Witwe. Sie hatte einen einzigen Sohn, welcher über die Maßen dumm und faul war. Alle Tage lag er bis zwölf Uhr mittags im Bett und schlief, und war er aufgewacht, so gähnte er noch lange und reckte sich, ehe er sich bequemte, aufzustehen. Darüber betrübte sich die Mutter sehr, denn sie hatte gehofft, er würde die Stütze ihres Alters sein. Um ihn nun ein wenig regsamer und tätiger zu machen, ermahnte sie ihn täglich und stündlich und sprach immer wieder zu ihm: »Wer gute Tage in der Welt haben will, mein Sohn, muß sich Mühe darum geben! Er muß hübsch fleißig sein und beizeiten aufstehen, denn das Glück geht an dem Schläfrigen vorüber und reicht seine Gaben dem Wachsamen.«

Der einfältige Lucilio hörte zwar die Worte seiner Mutter, doch verstand er ihren Sinn nicht und lebte auf seine Weise weiter in den Tag hinein. Wiederholtes strenges Zureden der Mutter und ihre Verheißung guter Tage brachten ihn eines Morgens aber doch einmal dazu, sein liebes Bett zu verlassen und auszugehen. Noch halb im Schlaf tappte er zum Stadttor hinaus. Bald aber legte er sich, um weiterzuschlummern, quer über den Weg, wo alle an ihn stießen, die von der Stadt kamen oder in die Stadt gingen.

Nun waren in der vorigen Nacht drei Bürger von Cesena hinausgegangen, um heimlich nach einem Schatz zu graben, welchen sie entdeckt hatten. Der Schatz war glücklich gehoben, und sie wollten ihn nun nach Haus tragen. Da trafen sie auf Lucilio, der soeben wieder aufgewacht

war und sich nach den guten Tagen umsah, welche die Mutter ihm wieder und wieder versprochen. »Einen schönen guten Tag, mein Freund«, sagte der erste der drei Männer zu ihm, als er dicht an ihm vorüberging.
»Da hab ich einen!« rief Lucilio ganz vergnügt.
Über diese Worte erschrak der Mann sehr. Er bezog sie auf sich und glaubte, er werde als einer der Schatzgräber erkannt – was nicht verwunderlich ist, denn wer insgeheim schuldig ist, denkt bei allem und jedem, nur von ihm und seiner Schuld könne die Rede sein.
Der zweite Bürger war nicht weniger höflich als sein Gefährte und entbot dem Lucilio ebenfalls einen guten Tag.
»Das wären gottlob zwei!« sprach der Dumme mit Zufriedenheit. Und als gleich darauf der dritte kam und ihn auf die gleiche Weise grüßte wie seine beiden Gefährten, sprang Lucilio voll Freuden in die Höhe und rief: »Ach, das ist herrlich! Nun habe ich drei beisammen! Wie ist es mir doch gut geglückt!«
Den Bürgern fiel es nicht ein, daß er damit gute Tage meinen könnte. Sie dachten nur immer an ihren Schatz und fürchteten, er werde zum Bürgermeister gehen und sie anzeigen. Deshalb traten sie zu ihm, erzählten ihm von ihrem Fund und boten ihm den vierten Teil davon.
Darüber wurde der Bursche noch vergnügter, nahm seinen Anteil, brachte ihn nach Hause zur Mutter und sagte: »Mutter, das Glück ist mit mir gewesen! Ich tat nach Eurem Befehl, und die guten Tage haben sich eingestellt. Nehmt das Geld und kauft, was Ihr braucht!«
Die Mutter empfand große Freude über den unerwarteten Reichtum und ermahnte den Sohn, auch ferner hübsch betriebsam zu sein, damit er noch oft zu ähnlichen guten Tagen gelange.

[Märchen aus Italien]

Gudbrand vom Berge

❦ ❦ ❦ ❦

Es war einmal ein Mann, der hieß Gudbrand, der hatte ein Gehöft, das lag weit weg am Abhang eines Berges, und darum nannten die Leute ihn Gudbrand vom Berge. Er lebte aber mit seiner Frau so zufrieden und verträglich zusammen, daß alles, was der Mann tat, der Frau so wohl getan deuchte, daß es nimmermehr besser gemacht werden könne. Wie er's auch anfangen mochte, sie mußte sich immer darüber freuen. Die beiden besaßen ihr Stück Akkerland, hatten hundert Taler in der Kiste liegen, und im Stall hatten sie zwei Kühe im Joch stehen. Da sagte die Frau eines Tages zu Gudbrand: »Mir deucht, wir sollten die eine Kuh zur Stadt bringen und sie verkaufen, damit wir ein paar Schillinge bekommen. Wir sind so brave Leute und sollten doch ein paar Schillinge unter den Händen haben so wie andere Leute. Die hundert Taler in der Kiste dürfen wir nicht angreifen, und ich weiß nicht, was wir mit mehr als mit einer Kuh wollen. Und dann ist auch noch immer ein kleiner Gewinn dabei, daß ich alsdann nur auf die eine Kuh zu passen brauch, statt daß ich jetzt mich mit zweien placken muß.«

Ja, das deuchte dem Gudbrand ganz recht und vernünftig gesprochen, und er nahm sogleich die Kuh und ging damit zur Stadt, um sie zu verkaufen. In der Stadt aber fand sich niemand, der ihm die Kuh abkaufen wollte. Ei nun, dachte Gudbrand, so geh ich mit meiner Kuh wieder nach Hause. Ich weiß, ich habe sowohl Stall als Joch für sie, und es ist eben so weit hin als her, und damit stiefelte er getrost mit seiner Kuh wieder heimwärts.

Als er ein Endchen gegangen war, begegnete ihm einer, der hatte ein Pferd, das er verkaufen wollte. Nun deuchte unserm Gudbrand, es sei besser, ein Pferd zu haben als eine Kuh, und darum tauschte er mit dem Mann. Als er noch etwas weitergegangen war, begegnete ihm einer, der trieb ein fettes Schwein vor sich her, und da meinte Gudbrand wieder, es sei doch besser, ein fettes Schwein zu haben als ein Pferd, und tauschte mit dem Mann. Darauf ging er weiter, und nach einer Weile begegnete ihm ein Mann mit einer Ziege. »Es ist freilich immer besser, eine Ziege zu haben als ein Schwein«, dachte Gudbrand und tauschte mit dem Mann, der die Ziege hatte. Nun ging er eine weite Strecke fort, bis ihm endlich ein Mann begegnete, der ein Schaf hatte, und mit dem tauschte er ebenfalls, denn er dachte: »Besser ist's immer, ein Schaf zu haben als eine Ziege.«

Als er nun noch weiter gegangen war, begegnete ihm ein Mann mit einer Gans, und nun vertauschte Gudbrand das Schaf gegen die Gans. Als er darauf ein weites, weites Ende gegangen war, begegnete ihm ein Mann mit einem Hahn. Mit dem tauschte er nochmals, denn er dachte: »Im Grunde ist's doch besser, einen Hahn zu haben als eine Gans.« Er schritt nun so lange fort, bis es schon spät am Tag war, und da nun der Hunger sich bei ihm einstellte, verkaufte er den Hahn für drei Groschen und kaufte dafür etwas zu essen, »denn es ist doch besser, das Leben heimzubringen als einen Hahn«, dachte Gudbrand vom Berge. Darauf setzte er seinen Weg nach Hause fort, bis er zu dem Gehöft seines nächsten Nachbarn kam. Da kehrte er ein.

»Nun, wie ist es dir in der Stadt gegangen?« fragten die Leute ihn.

»Oh, das ist nun so so gegangen«, sagte Gudbrand. »Ich kann mein Glück eben nicht loben und auch nicht verachten«, und damit erzählte er ihnen, wie sich alles zugetragen hatte, vom Anfang an bis zu Ende. »Na, da wirst du aber auch schön empfangen werden von deiner Frau, wenn du nach Hause kommst«, sagte der Mann von dem Gehöft. »Gott steh dir bei! Ich möchte nicht in deiner Haut stecken.«

»Mir deucht, es könnte weit schlimmer gegangen sein«, sagte Gudbrand vom Berge. »Sei es aber nun übel oder wohl gegangen, so habe ich doch eine so gute Frau, die mir nie Vorwürfe macht, wie ich's auch immer anfange.«

»Ja, das mag wahr sein«, sagte der Mann, »aber ich glaub's darum doch nicht.«

»Wollen wir wetten?« versetzte Gudbrand vom Berge. »Ich habe hundert Taler in der Kiste liegen. Hältst du ebensoviel dagegen?«

»Topp!« rief der Nachbar, und als es anfing zu dämmern, begaben beide sich zu Gudbrands Gehöft. Hier blieb der Nachbar draußen vor der Tür stehen, um zu horchen, während Gudbrand hineinging zu seiner Frau und mit ihr sprach. »Guten Abend!« sagte Gudbrand vom Berge, als er eintrat.

»Guten Abend!« sagte die Frau. »Na, Gott sei Lob, bist du wieder da?« Ja, das war er denn. Nun fragte die Frau, wie's ihm denn gegangen wär' in der Stadt. »Ach, so so«, antwortete Gudbrand. »Ich kann mein Glück eben nicht sonderlich rühmen. Als ich zur Stadt kam, war da niemand, der mir die Kuh abkaufen wollte. Darum vertauschte ich sie gegen ein Pferd.«

»Ei, da muß ich dir ja Dank wissen«, sagte sie, »wir sind so brave Leute, daß wir auch wohl zur Kirche fahren können, ebensogut wie andere, und wenn wir Rat haben, uns ein Pferd anzuschaffen, warum sollten wir es nicht? Geht hin, Jungens, und zieht das Pferd ein!«

»Je«, sagte Gudbrand, »ich hab das Pferd doch nicht! Denn als ich ein Stück Weges gegangen war, vertauschte ich es gegen ein Schwein.«

»Nein«, rief die Frau, »das ist doch recht! Als wenn ich's

selbst getan hätte! Danke schön, lieber Mann! Nun hab ich doch Speck im Hause, um den Leuten etwas anzubieten, die zu uns kommen. Was sollten wir auch wohl mit dem Pferd? Die Leute würden nur sagen, wir wären so vornehm geworden, daß wir nicht mehr zur Kirche gehen könnten, wie wir sonst getan. Geht hin, Jungens, und bringt's Schwein herein!«

»Aber ich habe das Schwein doch auch nicht«, sagte Gudbrand, »denn als ich ein Ende weitergegangen war, vertauschte ich es gegen eine Milchziege.«

»Jerum! Wie du alles vortrefflich machst!« rief die Frau. »Was sollte ich auch mit dem Schwein, wenn ich's recht bedenke? Die Leute würden nur sagen: ›Die da fressen alles auf, was sie haben.‹ Nein, hab ich eine Ziege, so bekomm ich Milch und Käse, und die Ziege bleibt mir dennoch. Jungens, laßt die Ziege ein!«

»Nein, ich hab die Ziege doch auch nicht«, sagte Gudbrand, »denn als ich etwas weiter auf dem Weg gekommen war, vertauschte ich die Ziege und bekam dafür ein herrliches Schaf.«

»Nein«, rief die Frau, »du hast alles gemacht, wie ich's mir nur wünschen kann, gerade, als wär ich selbst dabeigewesen. Was sollten wir auch mit der Ziege? Ich müßte dann immer dahinter herlaufen und bergan und bergab klettern. Hab ich aber ein Schaf, so hab ich Wolle und Kleider im Hause und Essen obendrein. Geht hin, Jungens, und bringt das Schaf rein!«

»Aber ich hab das Schaf auch nicht mehr«, sagte Gudbrand, »denn als ich etwas weitergegangen war, vertauschte ich es gegen eine Gans.«

»Ei tausendmal schönen Dank!« sagte die Frau. »Was sollte ich auch wohl mit dem Schaf? Ich habe ja weder Rocken noch Spindel und frage auch nicht danach, mich zu placken und zu quälen und Kleider zu weben. Wir können ja unsere Kleider kaufen, wie wir sonst getan haben.

Nun bekomm ich doch mal Gänsefleisch zu schmecken, wonach ich schon so lange gejankt habe, und kann mir Dunen in mein Kopfkissen stopfen. Geht hin, Jungens, und holt die Gans rein!«

»Je, ich hab die Gans aber auch nicht«, sagte Gudbrand, »denn als ich noch ein Stück Weges gegangen war, vertauschte ich sie gegen einen Hahn.«

»Gott weiß, wie du auf das verfallen bist!« rief die Frau. »Es ist gerade alles, als ob ich's selbst gemacht hätte. Ein Hahn, das ist eben dasselbe, als ob du eine Weckuhr gekauft hättest. Denn jeden Morgen kräht der Hahn um vier, und dann können wir zu rechter Zeit auf die Beine kommen. Was sollten wir wohl mit der Gans? Ich versteh mich nicht darauf, Gänsefleisch zu pökeln, und mein Kopfkissen kann ich mir ja mit Seegras stopfen. Geht hin, Jungens, und holt den Hahn rein!«

»Aber ich habe doch den Hahn auch nicht«, sagte Gudbrand, »denn als ich noch etwas weiter gegangen war, bekam ich einen entsetzlichen Hunger und mußte den Hahn für drei Groschen verkaufen, daß ich nur das Leben heimbrachte.«

»Na, das war recht, daß du das tatst!« rief die Frau. »Wie du's auch anfängst, so machst du alles, wie ich's nur wünschen kann. Was sollten wir auch mit dem Hahn? Wir sind ja unsre eignen Herren und können morgens liegenbleiben, solange wir wollen. Na, Gott sei Lob! Wenn ich nur dich wiederhabe, der du alles so gut machst, brauch ich weder Hahn noch Gans noch Schwein noch Kuh.«

Nun machte Gudbrand die Tür auf. »Hab ich jetzt die hundert Taler gewonnen?« rief er, und da mußte denn der Nachbar gestehen, daß er es hätte.

[Märchen aus Norwegen]

Die goldenen Glöckchen

Es waren einmal ein König und eine Königin, die hatten eine Tochter mit Namen Florine. Die Königin wurde krank, und als sie fühlte, daß ihr Ende nahte, wies sie ihre Tochter an, stets gut für ein kleines weißes Lamm zu sorgen, welches ihr gehörte, und sich um nichts in der Welt von ihm zu trennen, sonst würde ihr großes Unglück widerfahren. Bald darauf starb die Königin.
Nicht lange danach heiratete der König eine Königin, welche eine Tochter hatte, die Truitonne hieß. Die neue Königin konnte ihre Stieftochter nicht leiden. Sie schickte sie zum Schafehüten auf die Weide und gab ihr für den ganzen Tag nichts anderes zu essen mit als ein armseliges Stück Schwarzbrot, hart wie Stein.
Jeden Morgen nahm Florine nun das Brot und zog mit ihrer Herde auf die Weide. Sobald keiner sie mehr beobachten konnte, rief sie das kleine weiße Lamm, schlug es mit einem Stöckchen auf sein rechtes Ohr, und alsbald stand ein gedeckter Tisch vor ihr. Nachdem sie gegessen hatte, schlug sie das Lamm auf sein linkes Ohr, und alles verschwand. Die Stiefmutter wunderte sich, wie gesund und gut genährt Florine aussah, und sagte deshalb eines Tages zu Truitonne: »Woher mag sie wohl zu essen bekommen?«
»Ich werde einmal mit ihr gehen«, antwortete die Tochter, »und sehen, was sie den ganzen Tag treibt.«
Als die beiden auf die Weide kamen, sagte Truitonne zu Florine: »Bitte lause mich!«
»Gern«, antwortete Florine. Truitonne legte ihren Kopf

auf die Knie der Schwester, und es dauerte nicht lange, da war sie eingeschlafen. Sogleich schlug Florine das weiße Lämmchen auf sein rechtes Ohr, und ein reich gedeckter Tisch stand vor ihr. Als sie ihren Hunger gestillt hatte, schlug sie das Lämmchen aufs linke Ohr, und alles verschwand.

Am Abend fragte die Königin ihre Tochter: »Hast du gesehen, daß sie gegessen hat?«

»Nein, ich habe nichts dergleichen gesehen, Mutter.«

»Hast du vielleicht geschlafen?«

»Ja, Mutter.«

»Wie dumm du bist! Da werde ich wohl morgen selbst gehen müssen!«

»Nein, Mutter, das brauchst du nicht. Ich werde gehen und aufpassen, daß ich nicht wieder einschlafe.«

Am nächsten Tag bat Truitonne wieder, Florine möge sie lausen, und tat dann so, als ob sie schlafe. Florine glaubte sich nun unbeobachtet und schlug dem weißen Lämmchen aufs rechte Ohr. Sie aß von den Speisen, die auf dem Tisch standen, und ließ den Tisch verschwinden, als sie satt war.

Als Truitonne ins Schloß zurückgekehrt war, sagte sie zu ihrer Mutter: »Ich habe gesehen, wie sie es macht, daß sie gut und reichlich zu essen hat. Sie schlägt dem weißen Lämmchen aufs rechte Ohr, und schon steht ein Tisch vor ihr, der mit lauter herrlichen Sachen gedeckt ist.«

Da stellte sich die Königin krank und sagte zum König, daß sie sterben müsse, wenn sie nicht von dem weißen Lämmchen zu essen bekomme. Der König wollte zuerst nicht erlauben, daß das Lämmchen geschlachtet werde, weil er wußte, wie sehr Florine an ihm hing, aber schließlich mußte er doch nachgeben. Da sagte das Lamm zu dem Mädchen: »Arme kleine Florine, da Eure Stiefmutter mich durchaus töten will, laßt sie es tun. Doch hebt alle meine Knöchelchen auf und hängt sie in den Birnbaum. Alsbald werden seine Zweige voller goldener Glöckchen sein, welche unaufhörlich klingen. Wenn die Glöckchen aber einmal schweigen, ist das ein Zeichen für ein großes Unglück.«

Alles geschah so, wie das Lämmchen gesagt hatte.

Eines Tages, als Florine auf der Weide war, kam ein König am Schloß vorbei. Als er den Birnbaum mit den goldenen Glöckchen erblickte, erklärte er, diejenige heiraten zu wollen, welche ihm eines der Glöckchen bringe. Truitonne versuchte gleich, auf den Baum zu klettern, und ihre Mutter half ihr nach Kräften, aber je höher das Mädchen stieg, um so höher hoben sich die Zweige, und es gelang ihm nicht, sie zu erreichen.

»Habt Ihr nicht noch eine Tochter?« fragte der König.

»Wir haben wohl noch eine«, antwortete die Stiefmutter, »aber sie taugt zu nichts anderem als zum Schafehüten.« Der König wollte sie trotzdem sehen und wartete, bis sie von der Weide zurückkam. Als sie mit ihrer Herde heimkehrte, trat sie zum Birnbaum und sprach: »Birnbaum, lieber Birnbaum, neigt Euch mir zuliebe nieder, damit ich Eure goldenen Glöckchen pflücken kann.« Sie füllte ihre Schürze und gab die Glöckchen dem König. Und der König nahm Florine mit auf sein Schloß und heiratete sie.

Bald darauf wurde Florine krank. Der König mußte zu jener Zeit in den Krieg ziehen, und so bat er die Stiefmutter, für Florine zu sorgen. Kaum war er fortgezogen, warf die Stiefmutter die verhaßte Stieftochter in den Fluß und setzte Truitonne an ihre Stelle. Im selben Augenblick aber hörten die goldenen Glöckchen zu klingen auf. Als der König sie nicht mehr vernahm – ihr Klang tönte hundert Meilen weit –, fiel ihm ein, daß seine Frau ihm gesagt hatte, daß dies Unglück bedeute. In aller Eile schlug er den Weg zurück zum Schloß ein. Als er an einem Fluß vorüberkam, bemerkte er, wie sich eine Hand aus dem Wasser reckte. Er packte sie – und zog Florine heraus. Sie war zum Glück noch nicht ganz tot. Er brachte seine Gemahlin aufs Schloß und ließ die böse Truitonne und ihre Mutter hängen. Der alte König lebte hinfort bei ihnen.

[Märchen aus Lothringen]

Die beiden Fürstenkinder von Monteleone

Es war einmal ein Fürst, der Fürst von Monteleone. Er lebte mit seiner Gemahlin in einem herrlichen Schloß, war unendlich reich und hatte alles, was sein Herz begehrte. Dennoch waren der Fürst und die Fürstin stets traurig, denn sie hatten keine Kinder. »Ach«, dachten sie oft, »wem sollen wir denn alle unsere Schätze einmal hinterlassen?« Nach vielen Jahren aber hatte die Fürstin endlich Aussicht, doch noch ein Kind zu bekommen. Da ließ der Fürst in einer einsamen Gegend einen Turm ohne Fenster bauen und mit kostbaren Möbeln herrlich ausstatten. Die Fürstin aber zeigte sich nicht mehr, bis ihre Zeit gekommen war. Sie gebar einen Sohn und eine Tochter, und der Fürst ließ die Kinder in aller Stille taufen. Darauf nahm er eine Amme und schloß sie mit den Kindern in den Turm ein.
Die Kinder gediehen prächtig, wuchsen einen Tag für zwei und wurden immer schöner. Als sie größer waren, schickte der Vater ihnen einen Kaplan, der lehrte sie lesen und schreiben und alles, was zu einer guten Erziehung gehört.
Nach einigen Jahren wurde die Fürstin krank und starb. Bald darauf erkrankte auch der Fürst schwer, und da er spürte, daß es mit ihm zu Ende ging, ließ er den Kaplan rufen und sprach zu ihm: »Ich fühle, daß ich sterben muß, und empfehle dir meine Kinder an. Sei du ihr Vormund und verwalte mein Vermögen für sie. Laß sie aber den Turm nicht eher verlassen, als bis sich eine gute Gelegenheit findet, sie zu verheiraten.« Der Kaplan versprach, für

die Kinder zu sorgen, wie wenn sie seine eigenen wären.
Bald darauf verschied der Fürst. Da versiegelte der Kaplan
alle Schätze im Schloß und zog zu den Kindern in den
Turm. Er entließ die Amme, welche versprechen mußte,
niemandem von den Kindern zu erzählen, und lebte nun
allein mit ihnen in der Einsamkeit. Die Kinder wurden
von Tag zu Tag schöner und lernten fleißig. Wenn aber
in den Büchern die Rede auf fremde Länder und Städte
kam, verwunderte sich der Knabe sehr und wollte wissen,
wie die Welt beschaffen sei, und je älter er wurde, desto
größer wurde sein Verlangen, fortzuziehen und die Welt
zu sehen.
Als er nun ein schöner Jüngling geworden war, trat er vor
den Kaplan und sprach zu ihm: »Onkel, laß mich hinaus,
denn ich will die Welt kennenlernen.« Der Kaplan wollte
es anfangs nicht zulassen, aber der junge Fürst bat so
lange, daß er ihm endlich nachgeben mußte. Er ließ ein
schönes Schiff bauen und bemannen und füllte es mit
Schätzen; so konnte der Jüngling sorglos reisen. Als er von
seiner Schwester Abschied nahm, schenkte er ihr einen
Ring mit einem kostbaren Stein und sprach: »Solange der
Stein klar ist, solange bin ich gesund und kann zu dir zurückkehren. Wenn der Stein sich aber trübt, bin ich tot und
kehre niemals heim.« Darauf umarmte er sie, bestieg sein
Schiff und reiste fort. Alles schien ihm schön: der Himmel, die Sonne, die Sterne, die Blumen, das Meer... Alles
war ihm unbekannt, und alles freute ihn.
Nachdem er einige Tage gefahren war, kam er in eine
schöne Stadt, darin wohnte der König. Als er in den Hafen
einfuhr, schoß er fröhlich Salut. Das hörte der König. Er
wurde neugierig und begab sich zum Hafen. Da er das
schöne Schiff erblickte, bekam er Lust, an Bord zu steigen,
und wurde von dem jungen Fürsten wohl empfangen. Er
gewann den schönen, edlen Jüngling gleich so lieb, daß er
ihn mit an Land und auf sein Schloß nahm, ihn hoch in

Ehren hielt und ihn zu seinem steten Begleiter machte. Ins Theater, auf den Ball, überall hin nahm der König ihn mit, so daß unter den Ministern etliche neidisch wurden auf die Gunst, die er dem Jüngling erwies, denn neidische Menschen fehlen nirgends auf der Erde. Als sie eines Tages bei dem König versammelt waren, erzählte der junge Fürst von seiner schönen Schwester, welche kein Mann je geschaut habe, und rühmte ihre große Tugend. Darüber zuckte nun einer der Minister die Achseln und meinte, es gelte eben nur einen Versuch; er wette, daß sie ihn nicht abweisen werde. Ein Wort gab das andere, und am Ende gingen der Jüngling und der Minister die Wette ein. Wer sie aber verliere, sollte gehängt werden.

Der Minister bestieg ein Schiff, und nachdem er lange nach dem Ort Monteleone geforscht hatte, kam er endlich dorthin. Als er sich aber nach der Tochter des verstorbenen Fürsten erkundigte, lachten ihm alle ins Gesicht und erklärten, der Fürst und die Fürstin seien doch ohne Kinder gestorben, und wieviel er auch fragen mochte, sie konnten ihm keine Auskunft geben. Da wurde ihm bang, und er begann um sein Leben zu fürchten. Mißmutig schlenderte er durch die Straßen, da bettelte ihn eine alte Frau an. Er wies sie hart ab, sie aber fragte nach der Ursache seines Mißmutes.

So erzählte er denn, wie er die junge Fürstin von Monteleone nicht finden könne und welche Wette er eingegangen sei. »Wenn mir jemand helfen könnte«, rief er, »wahrlich, ich wollte ihn reich belohnen!« Die Bettlerin aber war niemand anders als die Amme der beiden Kinder. Da ihr nun der Minister eine so reiche Belohnung versprach, ließ sie sich bestechen und sprach: »Kommt Ihr morgen an diesen Ort, so will ich Euch helfen.«

Den nächsten Morgen machte sich die falsche Frau auf den Weg nach dem Turm und pochte dort an. Zufällig war der Kaplan zur Stadt gegangen, und das Mädchen war allein im Haus. Als die Alte es erblickte, sprach sie: »Liebes Kind, ich bin deine frühere Amme und bin gekommen, dir einen Besuch zu machen.« Arglos ließ das Mädchen sie ein, und sie betrachtete alles ganz genau. Als sie in das Schlafzimmer kamen, sprach sie: »Komm, liebes Kind, ich will dich hübsch ankleiden!« Das Mädchen aber hatte ein Muttermal auf der Schulter, daraus wuchsen drei goldene Härchen, die mit einem Faden geflochten waren. Auch trug es den Ring seines Bruders am Schnürleibchen festgenäht. Wie nun die tückische Alte das Mädchen ankleidete, merkte sie sich die Form des Muttermals genau und entwendete ihm unbemerkt den Ring. Dann verließ sie es und eilte zu dem Minister, erzählte ihm alles, was sie sich gemerkt hatte, und gab ihm den gestohlenen Ring.

Der Minister kehrte eilends in sein Land zurück, trat vor den König und sprach: »Ich habe die Wette gewonnen. So und so sieht es im Hause der Fürstin aus. Auf der Schulter hat sie ein Muttermal mit drei goldenen Härchen, die sind mit einem Faden geflochten, und diesen Ring hier hat sie mir geschenkt.« Als der junge Fürst dies hörte, wußte er nichts zu erwidern und wurde von heftigem Grimm gegen seine unschuldige Schwester erfüllt. »Wohl bin ich bereit zu sterben«, sprach er, »nur bitte ich um acht Tage Frist.« Der König, welcher über das Schicksal seines Lieblings sehr unglücklich war, gewährte ihm die Bitte. Da rief der junge Fürst seinen Diener Franz herbei und sprach zu ihm: »Du hast mir bisher treu gedient; nun erfülle auch meinen letzten Befehl: Eile zu meiner nichtswürdigen Schwester, töte sie und bringe mir ein Fläschchen von ihrem Blut, daß ich es trinke. So werde ich freudig sterben.«

Der treue Diener war tief betrübt über diesen Auftrag, doch mußte er gehorchen und reiste nach Monteleone. Als die junge Fürstin ihn sah und bemerkte, wie traurig er war, fragte sie ihn nach der Ursache. »Ach«, erwiderte

Franz, »ich muß Euch töten, denn Ihr habt eine schwere Sünde begangen, und Euretwegen muß mein armer Herr sterben.«
»Was habe ich denn getan?« fragte das unschuldige Mädchen. »Wie? Ja habt Ihr denn nicht den Minister des Königs bei Euch empfangen und ihm sogar den Ring Eures Bruders geschenkt?« Da merkte sie, daß der Ring ihres Bruders fort war, und ihr Verdacht fiel gleich auf die Amme, welche ihr wenige Tage zuvor beim Ankleiden geholfen hatte. Sie warf sich dem Kaplan zu Füßen und rief: »Lieber, lieber Onkel, laßt mich ziehen! Ich muß gehen und meinen Bruder retten!«
»Ach, Kind«, entgegnete der Kaplan, »das kann dir ja nimmer gelingen!« Sie aber bat so lange, bis er seine Einwilligung gab. »Nun, lieber Onkel«, sprach sie dann, »müßt Ihr mir die schönsten Perlen und Edelsteine meiner Mutter holen!« Der Kaplan ging hin, füllte ein Kästchen mit den edelsten Steinen und kostbarsten Perlen, und das Mädchen machte sich mit Franz auf den Weg zur Residenz. »Nun mußt du mir ein Zimmer in einem Wirtshaus mieten«, sprach sie, »dann töte einige Hühner, bring meinem Bruder ein Fläschchen mit ihrem Blut und sage ihm, du hättest seinem Befehl gehorcht.«
Franz tat alles, was seine Herrin befahl, und nachdem der junge Fürst das Blut getrunken hatte, kehrte der Diener ins Wirtshaus zurück. Nun mußte er die junge Fürstin zum geschicktesten Goldschmied der Stadt begleiten, und zu dem sprach sie: »Meister, aus diesen Perlen und Edelsteinen müßt Ihr mir binnen drei Tagen eine Sandale anfertigen, so kostbar, wie Ihr es nur könnt!« Der Meister nahm sogleich eine Schar neuer Gesellen, die mußten Tag und Nacht arbeiten, und binnen drei Tagen war die Sandale fertig. Zugleich waren die acht Tage Frist verronnen, welche der junge Fürst sich erbeten hatte, und er sollte zum Galgen geführt werden. Da ließ seine Schwester an

dem Wege, auf dem er gebracht würde, eine kleine Tribüne errichten und setzte sich darauf nieder; vor ihr aber, auf silbernem Teebrett, lag die Sandale. Als der König in seinem Wagen vorüberfuhr, rief sie ihn an und sprach: »Königliche Majestät, ich flehe um Eure Gerechtigkeit und Euren Schutz!«

»Was ist dein Begehr?« fragte der König.

»Einer Eurer Minister hat mir die Sandale gestohlen, welche zu der gehört, die Ihr hier seht. Jener dort ist der Dieb!« Und sie wies auf den Minister, durch dessen Schuld ihr Bruder den Tod erleiden sollte. »Wie«, empörte sich der Minister, »ich soll Euch eine Sandale gestohlen haben? Wenn ich Euch hiernach noch einmal sehe, so habe ich Euch erst zum zweiten Male gesehen!«

»O du Nichtswürdiger«, rief die Fürstin nun, »wenn du mich nicht einmal kennst, wie kannst du dich dann rühmen, meine Gunst genossen zu haben? Ich bin die Schwester des Unglücklichen, der um deiner Verleumdungen willen den Tod erleiden soll!« Als der König das hörte, befahl er sogleich, den jungen Fürsten zu befreien. Der Minister aber wurde ergriffen und an demselben Galgen aufgehängt, von dem jener errettet war.

Der König führte die Geschwister auf sein Schloß, und weil das Mädchen so schön war, nahm er es zur Gemahlin. Da ließen sie ihre Schätze bringen, der Kaplan mußte zu ihnen ziehen, und so lebten sie denn vergnügt und glücklich. Was aber ist mit uns? – Wir haben das Nachsehen.

[Märchen aus Sizilien]

Das Unglück

Wen das Unglück aufsucht, der mag sich aus einer Ecke in die andere verkriechen oder ins weite Feld fliehen, es weiß ihn dennoch zu finden.

Es war einmal ein Mann so arm geworden, daß er kein Scheit Holz mehr hatte, um das Feuer auf seinem Herde zu erhalten. Da ging er hinaus in den Wald und wollte einen Baum fällen, aber sie waren alle zu groß und stark. Er ging immer tiefer hinein. Endlich fand er einen, den er wohl bezwingen konnte. Als er eben die Axt aufgehoben hatte, sah er aus dem Dickicht eine Schar Wölfe hervorbrechen und mit Geheul auf ihn eindringen. Er warf die Axt hin, floh und erreichte eine Brücke. Das tiefe Wasser aber hatte die Brücke unterwühlt, und in dem Augenblick, wo er darauftreten wollte, krachte sie und fiel zusammen. Was sollte er tun? Blieb er stehen und erwartete die Wölfe, so zerrissen sie ihn. Er wagte in der Not einen Sprung in das Wasser, aber da er nicht schwimmen konnte, sank er hinab. Ein paar Fischer, die an dem jenseitigen Ufer saßen, sahen den Mann ins Wasser stürzen, schwammen herbei und brachten ihn ans Land. Sie lehnten ihn an eine alte Mauer, damit er sich in der Sonne erwärmen und wieder zu Kräften kommen sollte. Als er aber aus der Ohnmacht erwachte, den Fischern danken und ihnen sein Schicksal erzählen wollte, fiel das Gemäuer über ihm zusammen und erschlug ihn.

[Märchen der Brüder Grimm]

Die Kette

~~~

Sie waren lange durch die Wüste gewandert. Die Sonne brannte, der Sand war glühend heiß, die Luft kochte. »Meine Kehle ist trocken«, sagte Harun. Ahmed klagte nicht. Huari redete nicht. Hinter ihnen ging Ali; er kam nur mühsam voran.
Großer Durst peinigte die vier, seit sie unterwegs waren: Harun schritt zwischen Ahmed und Huari, Ali am Schluß. Endlich kamen sie zu einem Brunnen. Endlich.
Harun stieg in die Tiefe, um Wasser zu schöpfen. Ahmeds Hand hielt ihn. Fest an Huari geklammert, hing Ahmed über dem Abgrund. Ali schließlich hielt Huari am Handgelenk fest.
Harun wollte tiefer in den Brunnen hinunter, um an das Wasser zu kommen. Ahmed schwang sich mit ganzem Körper hinein, hielt Harun dabei fest und blieb an Huari geklammert. Huari, jetzt hing er über dem Abgrund. Ali ließ ihn nicht los.
Ali und Huari und Ahmed und Harun: eine menschliche Kette, die aus vier Gliedern bestand. Deren drei davon abhingen, daß Ali keine Schwäche befiel.
»Ali, hältst du durch?« fragte Huari, »hältst du noch aus?«
»Sicher halte ich aus«, sagte Ali. »Nicht stundenlang, doch noch lange. Mein Arm ist stark.«
Plötzlich, aus der Tiefe des Brunnens, die Stimme Haruns: »Wasser, Wasser! Hörst du, Ahmed? Hier ist Wasser! Wir sind gerettet!«
»Ich höre dich, Bruder! Gott sei gelobt, wir werden nicht sterben! O Huari! Harun hat Wasser gefunden!«

»Nie im Leben habe ich etwas Besseres gehört! Hyäne und Schakal, sie kriegen uns nicht! Ali! Hörst du, Ali? Wir haben Wasser!«
»Wasser, Wasser!« schrie Ali. Und vor Freude hob er die Arme zum Himmel.

[Märchen der Berber]

Von dem Mann, der auszog, sein Glück zu wecken

Es lebten einmal zwei Brüder, von denen war der eine sehr reich und der andere bettelarm. Eines Tages ging der Arme zu dem Berg, wo die Pferde des reichen Bruders weideten. Als er dort ankam, sah er, daß einige Stuten gefohlt hatten. Er sah auch einen Mann im schwarzen Filzumhang, welcher die Tiere hütete. Der Arme trat zu dem Mann und fragte: »Wer bist du, und wer gibt dir das Recht, die Pferde meines Bruders zu hüten?« Der Hirt antwortete: »Ich bin deines Bruders Glück.«

Da fragte der Arme: »Und mein Glück? Hast du es irgendwo gesehen? Ich glaube, es schläft. Ich wünschte, es wäre wach!«

»Gedulde dich noch ein wenig, es muß bald aufwachen«, antwortete der Pferdehirt.

»Sag mir, wo sich mein Glück versteckt«, sagte der Arme. »Ich will hingehen und es wecken.«

»Es schläft in der und der Höhle«, antwortete der Pferdehirt.

Da machte der Arme sich auf den Weg und wanderte, bis er zu einem Garten kam. Der Gärtner sprach ihn an und wollte wissen, wohin er gehe. »Ich bin ausgezogen, um mein Glück zu wecken«, sagte der Arme. Darauf bat der Gärtner: »Sag deinem Glück, daß ich einen Garten habe, der keine Früchte trägt, und frage, woran es liegt.«

Der arme Bruder wanderte weiter, bis er in ein Gebirge kam. Die Leute dort hatten einen König, welcher eine Frau war, aber sie wußten es nicht. Als der König erfuhr, wohin der arme Bruder wanderte, rief er ihn zu sich und

bat: »Wenn du dein Glück geweckt hast, frag es, warum mein Volk mir nicht gehorcht.«
Der Arme wanderte weiter, da lief ihm ein Wolf über den Weg, und der Wolf bat: »Frag dein Glück, warum ich nichts zu fressen finde.« Und als der Arme bald darauf einen Dornensammler traf, der dürre Dornenzweige zum Feuermachen kleinhackte, bat ihn der Mann: »Frag, warum ich dazu verurteilt bin, mir mein tägliches Brot mit Dornensammeln zu verdienen.«
Der arme Bruder versprach, jedem die gewünschte Antwort zu bringen, und wanderte weiter, bis er zu einer Höhle kam, darin lag sein Glück, das Gesicht zum Boden gekehrt, und schlief tief und fest. Er stieß es mit dem Fuß an, da wachte es auf und fragte: »Was gibt es? Was willst du?«
»Ich bin hier, um dich zu wecken.«
»Es ist zu früh«, sagte das Glück, »ich muß noch mehrere Jahre schlafen.«
»Aber bist du jetzt nicht wach? Einige Leute haben mich beauftragt, dich etwas zu fragen.«
»Gut, sag mir, was sie wissen wollen.«
Da stellte der arme Bruder seinem Glück die Frage, die der Gärtner ihm aufgetragen hatte. »Richte ihm aus«, sagte das Glück, »daß in seinem Garten vier irdene Krüge voller Goldmünzen versteckt sind. Die muß er ausgraben, und sein Garten wird reiche Ernte bringen.«
Dann trug der Arme die Frage des Königs vor, und das Glück antwortete: »Sag ihm: ›Du bist eine Frau; deshalb gehorcht dir das Volk nicht.‹«
Darauf erzählte ihm der arme Bruder, was der Wolf und der Dornensammler wissen wollten, und das Glück antwortete: »Bestelle dem Dornensammler, daß sein ganzes Leben lang alles so weitergehen wird wie bisher, weder besser, noch schlechter; so ist es ihm bestimmt. Dem Wolf aber sage: ›Sobald dir ein dummer Mensch begegnet, friß

ihn auf, denn das ist die Beute, welche dir rechtmäßig zusteht.‹«

Der Arme nahm Abschied von seinem Glück und machte sich auf den Heimweg. Er traf den Dornensammler und überbrachte ihm die Antwort. Er wanderte weiter. Er kam zu dem König und sagte: »Du bist eine Frau!«

»Ja, das ist wahr«, antwortete der König. »Bleib hier und heirate mich, dann gehört mein Königreich dir.«

»O nein«, sagte der arme Bruder, »damit kannst du mich nicht halten. Glaubst du, ich sei so dumm? Ich habe mein Glück getroffen und muß nach Hause!«

Darauf wanderte er weiter, bis er zu dem Gärtner kam. Er erzählte ihm von den vier Töpfen voller Goldmünzen, welche in seinem Garten versteckt seien, und sagte: »Du brauchst sie nur auszugraben, und dein Garten wird Frucht tragen.«

»Ausgezeichnet!« rief der Gärtner. »Komm, hilf mir und laß uns das Gold teilen!« Aber der arme Bruder antwortete: »Das geht nicht, ich muß nach Hause zurück.«

So wanderte er denn weiter und kam schließlich zu dem Wolf. Er richtete ihm seine Botschaft aus und sagte: »Wenn du einen dummen Menschen triffst, friß ihn. Das ist deine Beute.«

»Vielen Dank«, sagte der Wolf. »Blick einmal zum Himmel und schau, wieviel Sterne dort stehen!« Der arme Bruder tat es, da rief der Wolf: »Noch nie bin ich einem dümmeren Menschen begegnet als dir!« Und er packte ihn an der Kehle und fraß ihn auf.

[Märchen aus Persien]

Die drei Wünsche

Es war einmal ein armer Mann, der hatte eine hübsche Frau geheiratet. Eines Tages hatten sie sich in ihr warmes Bett gelegt, weil sie vor Kälte zitterten. Sie begannen sich zu unterhalten und erzählten einander, was sie tun würden, wenn sie viel Geld besäßen.
»Wäre ich reich«, so sprach die Frau, »da würdest du sehen, wie zufrieden ich wäre.«
»Ich wäre dann auch zufrieden«, versetzte der Mann. »Weißt du, was ich mir wünsche? Ich wünsche mir, es käme eine Zauberin und gäbe uns alles, was wir von ihr erbäten.« Da erschien in ihrer Kammer auf einmal eine schöne Frau, die war prächtig angezogen und sprach zu ihnen: »Hört, ich bin eine Zauberin und werde euch die ersten drei Dinge geben, die euer Herz wünscht. Aber seid vorsichtig und überlegt eure Wünsche gut, denn mehr als diese drei Dinge gebe ich euch nicht.« Nach dieser Rede verschwand die Frau.
Die beiden Leute waren sehr aufgeregt und zerbrachen sich den Kopf, um sich das Schönste und Beste zu wünschen. »Wenn es nach mir ginge«, sprach die Frau, »so wüßte ich schon, was ich wollte. Mir scheint, wenn ich schön, reich und eine Fürstin wäre, würde es mir an nichts mangeln.«
»Aber was nützt dir alles, wenn du krank würdest und in jungen Jahren sterben müßtest?« gab der Mann zu bedenken.
»Es wäre richtiger von der Zauberin gewesen«, sprach die Frau, »wenn sie uns zwölf Dinge zu wählen gegeben hätte anstatt bloß drei!«

»Du hast recht«, versetzte der Mann, »aber da wir nun einmal nicht mehr als drei Wünsche frei haben, so wollen wir lieber nichts übereilen. Wir wollen bis morgen früh warten und dann sehen, was wir uns wünschen.«
»Wir sollten die ganze Nacht wachbleiben und über die Wünsche nachdenken«, sprach die Frau, »dabei laß uns aber etwas essen und trinken.«
Die beiden stiegen aus dem Bett. Sie öffneten den Schrank, und die Frau nahm ein Stückchen Brot und eine halbe Sardine heraus. Dem Mann war der Kopf schon voll mit dem künftigen Reichtum, darum gefiel ihm das Essen gar nicht, und er sprach: »Wie wünschte ich, daß ich ein Stück Blutwurst hätte! Mit welchem Appetit wollte ich das essen!« Er hatte das Wort noch nicht zu Ende gesprochen, da lag die Blutwurst schon vor ihm auf dem Tisch und duftete herrlich. Als die Frau die Wurst sah, geriet sie in große Wut und begann gehörig zu schreien: »Wie du immer nur für deinen Bauch sorgst! Hättest du nicht bis morgen warten können? Dann hätten wir viel Geld gehabt, und du hättest dir Blutwürste kaufen können, soviel du willst!« Und sie jammerte und zankte, bis er schließlich wütend vom Stuhl aufsprang und ihr zuschrie: »Was hast du nur für eine böse Zunge! Man sollte dich ins Wasser werfen! Ich wollte, die Blutwurst würde dir an der Nasenspitze hängen!« Plötzlich aber – er war mit seinen Worten noch kaum zu Ende, und was denkst du, wie sonderbar es ihm zumute wurde – hing die Blutwurst an der Nase seiner Frau! Sie tat alles, um die Wurst von der Nase wegzubekommen, aber vergeblich! Je mehr die Frau zerrte, um so dicker wurde die Wurst und saß ihr nur um so fester mitten im Gesicht. Wie ein Elefant sah die Arme schließlich aus, und so schön sie vordem gewesen war, so häßlich und abscheulich wirkte sie jetzt. Da brach sie in Tränen und Schluchzen aus, lief im Zimmer umher und wehklagte: »Was hab ich nur für ein Unglück! Welch hartes und schlechtes Herz du hast!

Wozu mußtest du wünschen, daß diese Blutwurst sich mir an die Nase hängt!«
»Laß uns überlegen, was wir tun können«, sprach der Mann, »denn wir haben bloß noch einen Wunsch übrig. Am besten, ich wünsche mir recht viel Geld und lasse dir dann ein Futteral aus Gold anfertigen, damit du die Blutwurst darin verbergen kannst.«
»Hüte dich, das zu tun!« schrie die Frau. »Ich werde mir mit eigenen Händen das Leben nehmen, wenn ich mein Dasein mit einer Blutwurst zubringen muß, die mir an der Nase baumelt! Hör mich an! Laß mich den letzten Wunsch tun, denn sonst spring ich augenblicklich vom Dach herunter, und du siehst mich lebend nicht wieder!«
Und damit lief sie die Treppe zum Dach hinauf. Da der Mann seine Frau sehr liebte, lief er ihr nach, hielt sie fest und sprach: »Wünsch dir, was du willst, meine Seele, und laß uns in Frieden zusammenleben!« Da wurde die Frau wieder froh, wischte sich die Tränen aus den Augen und rief: »So wünsch ich mir, daß die Blutwurst auf den Boden falle!« Sofort geschah es, und die Frau sprach zu ihrem Mann: »Da uns wenigstens die Wurst geblieben ist, wollen wir sie nun auch essen! Vielleicht erbarmt sich Gott unser noch einmal.« Und sie setzten sich zu Tisch und aßen die Wurst auf. Hinfort wünschten sie sich nichts mehr und lebten einträchtig und zufrieden bis zu ihrem Tode.

[Märchen aus Malta]

Die Vergeltung des Nachtquartiers

Einmal wanderten der Erlöser und der heilige Petrus zusammen und kamen am späten Abend zu einem Dorf, wo sie übernachten wollten. Daselbst waren zwei Bauernhöfe, der eine reich und prächtig, der andere arm und unansehnlich. Dem armen Bauernhofe wollten die Wanderer nicht beschwerlich fallen und beschlossen, auf dem reichen Hof ein Nachtlager zu verlangen. So klopften sie an die Tür desselben, welche verriegelt war, obgleich die Bewohner keineswegs schliefen. Lange erfolgte keine Antwort. Endlich fragte die Besitzerin von innen: »Wer klopft da zur Nachtzeit an der Menschen Türen?« Die Wanderer trugen ihre Sache vor und baten um Quartier bis zum Morgen. »Sucht euch sonstwo ein Strohlager!« rief die Frau keifend. »Ich kann mir jetzt nicht mehr die Mühe nehmen, euch einzulassen. Nur fort von meiner Tür, oder ich schicke meinen Hund, euch zu bewillkommnen!« Da mußten die Wanderer sich zufriedengeben, und sie gingen weiter, wie man sie geheißen hatte. Sie beschlossen, ihr Glück bei dem anderen Bauernhof zu versuchen.

Als sie dorthin kamen, war kein Riegel vor der Tür, und alle Bewohner waren noch wach. Sie begrüßten die fremden Gäste herzlich, hießen sie niedersitzen und bereiteten ihnen Speise und eine Schlafstelle. Die ermüdeten Wanderer aßen mit großem Hunger, dankten und begaben sich zur Ruhe.

Am nächsten Morgen schickten sie sich zum Aufbruch an und boten Bezahlung für das Nachtlager. Die Wirtin aber wollte für so geringe Dienste nichts annehmen und sagte,

die Reisenden würden ihr Geld wohl selber gut brauchen. Da sagte der Erlöser zu der Frau: »So nehmet wenigstens unseren Segen für Eure Gastlichkeit und begnügt Euch mit dem, was dieser Segen Euch einbringt.«
Die Frau wußte darauf nichts zu entgegnen. Sie wünschte den Reisenden Glück und sagte ihnen Lebewohl. Als jene fort waren, gedachte sie gleich ihrer Arbeit und ging hin, ihre gestern fertiggewordene Leinwand zu messen. Die Frau maß und maß, aber die Leinwand hörte nimmer auf. Erst nach drei vollen Tagen gab's nichts mehr abzumessen, und nun war so viel beisammen, daß die ganze Familie auf Lebenszeit genug haben konnte. Darob staunte die Frau, ging zu ihren Nachbarn und erzählte, was der Segen jener Wanderer eingebracht. Da gereute die Besitzerin des reichen Hofes ihre gestrige Ungastlichkeit, und sie beschloß, alles wieder gutzumachen, wenn die freigebigen Gäste wieder einmal bei ihr einkehren wollten.
Es verging einige Zeit, und der arme Bauernhof nahm an Wohlstand zu, während es mit dem reichen nicht mehr so gut vorwärtsgehen wollte. Da kamen dieselben Wanderer wieder einmal ins Dorf und gingen, wie beim letzten Mal, zuerst an die Tür der reichen Familie. Diesmal empfing die Besitzerin sie ausnehmend freundlich, gab ihnen das Beste zu essen, was vorrätig war, und bereitete ihnen ein prächtiges Nachtlager. Am anderen Morgen wies sie jede Bezahlung von sich, ja, sie bot den Gästen sogar Reisekost und noch mancherlei dergleichen an. So viele Gaben wollten die Wanderer nicht ohne eine Gegengabe nehmen und sprachen: »So empfanget wenigstens unseren drei Tage wirkenden Segen zu der ersten Arbeit, welche Ihr heute vornehmt!« Dann machten sie sich wieder auf den Weg.
Die Frau aber dachte sofort an ihren Geldbeutel, welchen sie schon am Abend zuvor bereitgelegt hatte, und hoffte unermeßliche Summen herauszuzählen. In ihrer Habsucht wußte sie aber gar nicht, was sie vor Eile tat, und

holte zuerst ihr Nastuch hervor, um sich zu schneuzen. Und dies wurde nun die Arbeit, auf welcher der Segen der Wanderer ruhte: Die Frau schneuzte sich ein Mal ums andere, aber das Bedürfnis des Schneuzens wollte gar kein Ende nehmen, und erst nach drei endlosen Tagen wurde sie mit dieser beschwerlichen Arbeit fertig. Da griff sie unter Verwünschungen nach ihrem Beutel, aber dessen Inhalt hatte keinen Zuwachs erhalten.

[Märchen aus Finnland]

Das kleine Mädchen im Brunnen

Es war einmal ein kleines Mädchen, das hieß Oudelette. Es wohnte in einem Brunnen und betete jeden Tag.
Eines Tages traf es den lieben Gott. Da sagte es: »Guten Tag, Seigneur.«
»Guten Tag, Oudelette«, antwortete der Herr, »wie geht es dir?«
»Danke, gut, Seigneur. Und Euch?«
»Bist du zufrieden in deinem Brunnen, Oudelette?«
»Ja, Seigneur, aber...«
»Aber was, Oudelette?«
»Wenn ich ein hübsches, kleines Haus hätte, wäre ich noch viel zufriedener.«
»Gut«, antwortete der Herr, »sei ein braves kleines Mädchen, und du bekommst eines.«
Es wurde Abend, und Oudelette legte sich wie immer in ihrem Brunnen schlafen. Als sie am nächsten Morgen aufwachte, war sie in einer schönen Stube, und ihr Häuschen war umgeben von einem hübschen Garten mit Hühnern und einem stolzen Hahn, der krähte: »Kikeriki!«
Sie sprach ihr Gebet und traf den lieben Gott noch einmal und sagte: »Guten Tag, Seigneur.«
»Guten Tag, Oudelette, Wie geht es dir?«
»Danke, gut, Seigneur. Und Euch?«
»Bist du jetzt zufrieden, Oudelette?«
»Ja, Seigneur, aber...«
»Aber was, Oudelette?«
»Wenn ich eine kleine Kuh hätte, die Milch und Butter gäbe, wäre ich noch viel zufriedener.«

»Gut, sei ein braves kleines Mädchen, und du bekommst eine.«

Als Oudelette am nächsten Morgen aufwachte und aus dem Fenster schaute, sah sie eine schöne rotbunte Kuh. Da war sie so zufrieden, daß sie vor Freude hüpfte. Dann sprach sie ihr Gebet.

Als der liebe Gott erschien, sagte Oudelette: »Guten Tag, Seigneur.«

»Guten Tag, Oudelette. Wie geht es dir, Oudelette?«

»Danke, gut, Seigneur. Und Euch?«

»Bist du jetzt zufrieden, Oudelette?«

»Ja, Seigneur, aber...«

»Aber was, Oudelette?«

»Wenn ich ein schönes rotbuntes Kleid hätte, wäre ich noch viel zufriedener.«

»Sei ein braves kleines Mädchen, und du bekommst eines.«

Als sie am nächsten Morgen aufwachte, lag neben ihrem Bett ein rotbuntes Kleid. Es war am Sonntag, und Oudelette wurde ganz eitel und dachte bei sich: »Wenn ich darin zur Messe gehe, werden alle sagen: ›Ah, da kommt die schöne Oudelette!‹« Und sie war ganz vergnügt und sprach ihr Gebet.

Der liebe Gott erschien noch einmal.

»Guten Tag, Seigneur«, sagte Oudelette.

»Guten Tag, Oudelette, wie geht es dir?«

»Danke, gut, Seigneur. Und Euch?«

»Bist du jetzt zufrieden, Oudelette?«

»Ja, Seigneur, aber...«

»Aber was, Oudelette?«

»Wenn ich einen hübschen kleinen Ehemann hätte, dann wäre ich noch viel, viel zufriedener.«

»Sei ein braves kleines Mädchen, und du bekommst einen.«

Mitten in der Nacht hörte Oudelette, wie es an ihre Tür

klopfte. Sie zog ihr schönes Kleid an und ging aufmachen. Sie wußte überhaupt nicht, wer es wohl sein könnte. Und wer war es? Es war der Bürgermeister der Gemeinde, und neben ihm stand ein junger Mann, der wollte um ihre Hand anhalten. Da war Oudelette so zufrieden, daß sie ganz und gar vergaß, ihr Gebet zu sprechen.
Als sie am nächsten Morgen aufwachte, war sie wieder in ihrem Brunnen. Ihr Haus, ihr Garten, ihre Kuh, ihr Kleid, ihr hübscher kleiner Ehemann, alles war verschwunden, aus und vorbei.

[Märchen aus der Bretagne]

Mann und Frau im Essigkrug

Es waren einmal ein Mann und eine Frau, die haben lange, lange miteinander in einem Essigkrug gewohnt. Am Ende sind sie's überdrüssig geworden, und der Mann hat zu der Frau gesagt: »Du bist schuld daran, daß wir in dem sauern Essigkrug leben müssen. Wären wir nur nicht da!«
Die Frau hat aber gesagt: »Nein, du bist schuld daran.«
Und da haben sie angefangen, miteinander zu kippeln und zu zanken, und ist eins dem andern in dem Essigkrug nachgelaufen. Da ist einstmals ein goldenes Vögelein an den Essigkrug gekommen, das hat gesagt: »Was habt ihr denn miteinander?«
»Ei«, hat die Frau gesagt, »wir sind's Essigkrügel überdrüssig und möchten auch einmal wohnen wie andere Leute. Hernach wollen wir gern zufrieden sein.« Da hat das goldene Vögelein sie aus dem Essigkrug herausgelassen, hat sie an ein neues Häuschen geführt, wo hinten ein zierliches Gärtchen gewesen ist, und hat zu ihnen gesagt: »Dies ist jetzt euer! Lebt jetzt einig und zufrieden untereinander, und wenn ihr mich braucht, so dürft ihr nur dreimal in die Hände klatschen und rufen:

>Goldvögelein im Sonnenstrahl,
Goldvögelein im Demantsaal,
Goldvögelein überall<,

so bin ich da.«
Damit flog das Goldvögelein fort, und der Mann und die Frau waren froh, daß sie nicht mehr in dem sauern Essigkrug wohnten, und freuten sich über ihr nettes Häuschen

und grünes Gärtchen. Das dauerte aber nur eine Weile, denn wie sie nun ein paar Wochen in dem Häuschen gewohnt hatten und in der Nachbarschaft herumgekommen waren, da hatten sie die großen, stattlichen Bauernhöfe gesehen mit großen Stallungen, Gärten, Äckern, vielem Gesinde und Vieh. Da hat es ihnen schon wieder nicht mehr gefallen in ihrem winzigen Häuslein und sind's ganz überdrüssig geworden, und an einem schönen Morgen haben sie alle zwei fast zu gleicher Zeit in die Hände geklatscht und haben gerufen:

»Goldvögelein im Sonnenstrahl,
Goldvögelein im Demantsaal,
Goldvögelein überall!«

Witsch, da ist das goldene Vöglein zum Fenster hereingeflogen gekommen und hat sie gefragt, was sie denn schon wieder wollten.

»Ach«, haben sie gesagt, »das Häuslein ist doch gar zu klein. Wenn wir nur auch so einen großen, prächtigen Bauernhof hätten! Hernach wollten wir zufrieden sein.«

Das goldene Vöglein blinzte ein wenig mit seinen Guckäugelein, sagte aber nichts und führte den Mann und die Frau an einen großen, prächtigen Bauernhof, wo viele Äcker daran waren und Stallungen mit Vieh und Knechten und Mägden, und hat ihnen alles geschenkt.

Der Mann und die Frau sprangen deckenhoch und konnten sich vor Freuden gar nicht lassen. Jetzt sind sie ein ganzes Jahr lang zufrieden und fröhlich gewesen und haben sich gar nichts Besseres denken können. Aber länger hat's auch nicht gedauert, keinen Tag, denn weil sie jetzt manchmal in die Stadt gefahren sind, haben sie die schönen, großen Häuser und die schön geputzten Herren und Madamen spazierengehen sehen; da haben sie gedacht: »Ei, in der Stadt muß es aber herrlich sein! Da braucht man nicht viel zu tun und zu arbeiten.« Und die Frau hat sich

gar nicht können satt sehen an dem Staat und dem Wohlleben und hat zu ihrem Mann gesagt: »Wir wollen auch in die Stadt. Ruf du nach dem goldenen Vöglein! Wir sind nun schon lange genug auf dem Bauernhof.«
Der Mann hat aber gesagt: »Frau, ruf du ihn!«
Endlich hat die Frau dreimal in die Hände geklatscht und hat gerufen:

>»Goldvögelein im Sonnenstrahl,
>Goldvögelein im Demantsaal,
>Goldvögelein überall!«

Da ist das goldene Vöglein wieder zum Fenster hereingeflogen und hat gesagt: »Was wollet ihr nun von mir?«
»Ach«, hat die Frau gesagt, »wir sind das Bauernleben müde. Wir möchten auch gern Stadtleute sein und schöne Kleider haben und in so einem großen, prächtigen Haus wohnen. Hernach wollen wir zufrieden sein.« Das goldene Vöglein hat wieder mit seinen Guckäugelein geblinzt, hat aber nichts gesagt und hat sie in das schönste Haus in der Stadt geführt. Da war alles raritätisch aufgeputzt und waren Schränke darin und Kommoden, da hingen und lagen Kleider drinnen nach der neuesten Mode. Jetzt haben der Mann und die Frau gemeint, es gibt auf der Welt nichts Besseres und Schöneres, und waren vor lauter Freude ganz außer sich.
Es hat aber leider wieder nicht lange gedauert, so hatten sie es wieder satt und sprachen zueinander: »Wenn wir's nur so hätten wie die Edelleute! Die wohnen in herrlichen Palästen und Schlössern und haben Kutschen und Pferde; und Bediente mit goldbordierten Röcken stehen auf den Kutschen. Ja, das wär' erst etwas Rechtes! So ist's doch nur eine armselige Lumperei.« Und die Frau hat gesagt: »Jetzt ist's an dir, nach dem goldenen Vögelein zu rufen.«
Der Mann hat doch wieder lange nicht gewollt. Endlich,

wie die Frau gar nicht nachgelassen hat mit Dringen und Drängen, hat er dreimal in die Hände geklatscht und gerufen:

»Goldvögelein im Sonnenstrahl,
Goldvögelein im Demantsaal,
Goldvögelein überall!«

Da ist das goldene Vöglein wieder zum Fenster hereingeflogen und hat gefragt: »Was wollt ihr nur von mir?« Da sagte der Mann: »Wir möchten gern Edelleute werden. Hernach wollen wir zufrieden sein.« Da hat aber das goldene Vöglein gar arg mit den Äuglein geblinzelt und hat gesagt: »Ihr unzufriedenen Leute! Werdet ihr denn nicht einmal genug haben? Ich will euch auch zu Edelleuten machen; es ist euch aber nichts nutz«, und hat ihnen gleich ein schönes Schloß geschenkt, Kutschen und Pferde und eine zahlreiche Bedienung. Jetzt sind sie nun Edelleute gewesen und sind alle Tage spazierengefahren und haben an nichts mehr gedacht, als wie sie die Tage herumbringen wollten in Freuden und mit Nichtstun, außer daß sie die Zeitungen gelesen haben.
Einmal sind sie in die Hauptstadt gefahren, ein großes Fest zu sehen. Da ist der König und die Königin in ihrer ganz vergoldeten Kutsche gesessen, in goldgestickten Kleidern; vorn und hinten und auf beiden Seiten sind Marschälle, Hofleute, Edelknaben und Soldaten geritten, und alle Leute haben die Hüte und Taschentücher geschwenkt, wo der König und die Königin vorbeigefahren sind. Ach, wie hat da dem Mann und der Frau vor Ungeduld das Herz geklopft! Kaum waren sie wieder zu Hause, so sprachen sie: »Jetzt wollen wir noch König und Königin werden; hernach wollen wir aber einhalten.« Und da haben sie wieder alle zwei miteinander in die Hände geklatscht und haben gerufen, was sie nur rufen konnten:

»Goldvögelein im Sonnenstrahl,
Goldvögelein im Demantsaal,
Goldvögelein überall!«

Da ist das goldene Vöglein wieder zum Fenster hereingeflogen gekommen und hat gefragt: »Was wollt ihr nur von mir?«
Da haben sie beide geantwortet: »Wir möchten gern König und Königin sein.«
Da hat aber das Vöglein ganz schrecklich mit den Augen geblinzelt, hat alle Federchen gesträubt, hat mit den Flügeln geschlagen und gesagt: »Ihr wüsten Leute, wann werdet ihr denn einmal genug haben? Ich will euch auch noch zum König und zur Königin machen, aber dabei wird's doch nicht bleiben sollen, denn ihr habt nimmermehr genug!«
Jetzt sind sie nun König und Königin gewesen und haben übers ganze Land zu gebieten gehabt, haben sich einen großen Hofstaat gehalten, und ihre Minister und Hofleute haben müssen auf die Knie niederfallen, wenn sie eins von ihnen ansichtig wurden. Auch haben sie nach und nach alle Beamten im ganzen Land vor sich kommen lassen und ihnen vom Thron herab ihre strengen Befehle erteilt. Und was es nur Teures und Prächtiges in aller Herren Länder gab, das mußte herbeigeschafft werden, so daß ein Glanz und ein Reichtum sie umgab, der unbeschreiblich ist. Und doch sind sie jetzt noch nicht zufrieden gewesen und sagten immer: »Wir müssen noch etwas Höheres werden!«
Da sprach die Frau: »Werden wir Kaiser und Kaiserin!«
»Nein«, sagte der Mann, »wir wollen Papst werden!«
»Hoho, das ist alles nicht genug!« schrie die Frau in ihrem Eifer. »Wir wollen lieber Herrgott sein!«
Kaum aber hatte sie dies Wort ausgeredet, so ist ein mächtiger Sturmwind gekommen, und ein großer schwarzer Vogel mit funkelnden Augen, die wie Feuerräder rollten,

ist zum Fenster hereingeflogen und hat gerufen, daß alles erzitterte: »Daß ihr versauern müßt im Essigkrug!«
Pautz, und da war alle Herrlichkeit zum Kuckuck, und da saßen sie alle beide, der Mann und die Frau, wieder in ihrem engen Essigkrug drin. Da sitzen sie noch und können auch drin bleiben bis an den Jüngsten Tag.
Das ist eine Lehre für solche, die nie genug bekommen können.

[Märchen aus der Sammlung Ludwig Bechsteins]

Von dem jungen Grafen, der sein Glück suchen ging

Ein Graf war krank, und alle Ärzte der Welt konnten ihm nicht helfen. Weil er ohnehin nicht reich war, kam er durch die Krankheit immer mehr in Armut, und sein junger Sohn kannte die vollen Humpen nur aus alten Büchern, denn seines Vaters Keller waren längst leer. Da sprach die Gräfin eines Tages: »Lieber Sohn, ich freue mich immer, wenn ich dich sehe, doch du verlebst deine Jugend hier nicht, wie du solltest. Dein Vater und ich, wir spielten und tanzten und lachten den ganzen Tag, als wir jung waren, du aber siehst hier in unserer Einsamkeit nur Jammer und Not. Willst du meinem Rat folgen, so ziehe hinaus in die Welt und suche dein Glück. Wer weiß, was dir bestimmt ist. Die Welt ist groß, und es hat schon mancher in ihr etwas gefunden, wovon ihm an der Wiege nichts gesungen war.«

Dem jungen Grafen schien der Rat gut, und so verkauften seine Eltern ein Stück Land und gaben ihm hundert Taler. Damit machte er sich auf den Weg und zog in die Welt, um sein Glück zu suchen.

Er wanderte weit, wohl über tausend Meilen, und sein Geld ging zu Ende, aber sein Glück hatte er nicht gefunden. Da kam er in eine große Stadt und hatte nur noch einen Heller. Dafür kaufte er sich ein Stück trockenes Brot, und da es gerade Sonntag war und die Glocken läuteten, ging er in die Kirche und betete recht inbrünstig zu Gott, daß er ihm helfen möge.

Hinter ihm stand ein alter Arzt, der hörte sein Gebet und sah, wie abgezehrt sein Gesicht war. Als sie aus der Kirche gingen, trat er zu ihm und fragte, wer er sei und wohin er wolle. Der Graf antwortete, er sei armer Leute Kind und ausgezogen, sein Glück zu suchen, doch er finde es nicht.

Der Alte war ein liebreicher Mann und hatte keine Kinder. So nahm er den jungen Grafen mit in sein Haus und hielt ihn wie einen Sohn. Mit guten Speisen und Arzneien brachte er ihn bald soweit, daß ihm niemand die Not mehr ansah, welche er auf der Reise erlitten hatte. Er unterrichtete ihn in den ärztlichen Künsten, und der junge Graf zeigte so großes Geschick dazu, daß er bald berühmter als sein Lehrmeister war und der Tod in dem Land alle Kundschaft verlor.

Jedermann schickte nach ihm, und so kam er einst auch zu einem Grafen in ein benachbartes Königreich. Als er einmal aus dem Fenster blickte, bemerkte er ein Schloß, welches ganz in Nebel gehüllt war. Er fragte, wem es gehöre, und da erzählte man ihm, es sei dies ein verzaubertes Schloß, und vor vielen hundert Jahren habe eine Prinzessin darin gewohnt, der sei das ganze Land untertänig gewesen. Sie sei jung und über alle Maßen schön gewesen, doch sei sie mit all ihren Rittern und Knappen und allem Hofgesinde verwünscht worden und gehe nur noch des Nachts von elf bis zwölf in dem Schloß umher. »Wer die Prinzessin erlöst«, sagten die Leute, »den nimmt sie zum Gemahl und macht ihn zum König des Landes. Doch muß er zuvor drei Proben bestehen, und die sind so schwer, daß jeder, der sich noch daran gewagt hat, schon bei der ersten gestorben ist.«

Als der junge Graf das hörte, dachte er: »Zeitlebens Salben streichen und Latwergen eingeben ist ein hartes Brot. Wer weiß, ob mir nicht ein größer Glück beschert ist, als ich schon gefunden habe. Und wenn ich sterbe, was ist's? Sterben muß ich doch einmal. Darum kann ich mein Leben wohl für ein Königreich aufs Spiel setzen.«

Gleich am selben Abend ging er den Berg hinan zum Schloß und klopfte an das Tor. Ein alter Kastellan, welcher ebenfalls verwünscht war, öffnete ihm und fragte, was er wolle.

Der Graf antwortete: »Die verwünschte Königstochter will ich erlösen.«

Da begann der Kastellan ihn freundlich zu warnen und sprach: »Ihr seid noch so jung und zart! Kehrt um und erspart Euern Eltern den Gram, daß Ihr früher sterbet als sie. Ihr könnt die Proben nicht bestehen. Da ist schon mancher hergekommen, der wohl dreimal so alt und stark war wie Ihr, und keiner ist wieder weggegangen.« Und er führte den Grafen in eine Kammer, darin standen viele offene Särge, in welchen junge und alte Männer lagen. Ein Sarg war leer. »Seht«, sprach der Alte, »dieser Sarg ist für den bestimmt, der als nächster die Proben bestehen will und es nicht vermag. Hier hinein werdet Ihr gelegt, wenn Ihr nicht umkehrt.« Der junge Graf aber wollte es wagen und blieb fest. Da führte ihn der Kastellan eine breite marmorne Treppe hinauf in ein Zimmer, das war prachtvoll erleuchtet und glänzte über und über von Gold und Edelsteinen. Vier Diener kamen und brachten ihm herrliche Speisen und den schönsten Wein, und der Graf setzte sich an den Tisch. Er aß und trank und meinte, nie ein so gutes Mahl gehalten zu haben.

Kaum war er fertig, so schlug es elf, und herein trat eine verschleierte Jungfrau. Sie grüßte ihn in freundlichem, doch wehmütigem Ton und sprach: »Du bist gekommen, mich zu erlösen. So sei denn stark! Es kann dir gelingen, doch darfst du kein Wort sprechen und dich mit keinem Schlag wehren, was immer dir auch geschieht. Nur drei Wochen noch kann ich erlöst werden. Wenn unterdes mein Erretter nicht kommt, muß ich wiederum hundert Jahre durch das Schloß wandern, ohne daß mir jemand helfen könnte, selbst wenn er die Proben bestünde.« Da-

mit ging sie hinaus, und aus den vier Ecken des Zimmers traten vier ungeschlachte breitschultrige Männer, die packten ihn, drückten ihn zu einem Knäuel zusammen und spielten Fangball mit ihm. Oft, wenn sie sich beim Fangen vertaten, stürzte er zu Boden, doch sie hoben ihn lachend wieder auf und spielten weiter. Das trieben sie, bis es zwölf schlug, da waren sie plötzlich verschwunden. Der junge Graf lag wie tot am Boden und konnte kein Glied mehr rühren. Er hörte etwas auf der Treppe poltern, und als die Tür aufflog, war es der Kastellan mit den vier Dienern, welche den leeren Sarg trugen. Als sie nun sahen, daß der Graf die Augen aufschlug, ließen sie den Sarg vor Verwunderung fallen, und der Kastellan stürzte auf ihn zu und rief: »O lieber Herr, mit Euch ist Gott, daß Ihr noch lebt! Wenn einer uns erlösen kann, so seid Ihr es, denn Ihr habt ausgehalten, was noch keiner ausgehalten hat. Alle, die noch bis um zwölf im Schloß waren, haben wir um eins in den Sarg gelegt. Ihr aber habt die erste Probe lebend überstanden. Jetzt nur noch zwei, und wir sind gerettet!« Und die Diener sangen und sprangen im Zimmer herum, sie flogen die Treppe hinab und holten einen köstlichen Balsam und gaben dem Grafen davon zu trinken. Da fiel er in einen tiefen Schlaf und lag bis zum folgenden Morgen wie tot. Dann wachte er auf und war ganz gesund, ja, es schien ihm, als sei er stärker als zuvor.
Als es in der zweiten Nacht elf schlug, kam wieder die verwünschte Prinzessin; diesmal ging ihr der Schleier nur noch bis unter die Augen. Dem Grafen zitterte das Herz, als er ihr goldlockiges Haar und ihre lieblichen klaren Augen sah, und als sie zu sprechen begann, klang ihre Stimme schon nicht mehr so traurig wie am Tag zuvor. Sie dankte ihm, daß er die erste Probe so mutig bestanden habe, und sprach: »Du wirst heut noch mehr erleiden müssen als gestern, doch fürchte dich nicht. Sie haben nur in der einen Stunde Gewalt über dich, und wenn du auch

noch die dritte Probe bestanden hast, mache ich dich zu einem reichen, reichen König.«

Kaum war sie hinausgegangen, stürzte ein Löwe herein und auf den Grafen zu, als wollte er ihn zerreißen. Der Graf blieb still sitzen und wehrte sich nicht; der Löwe knurrte und schlich langsam zur Tür hinaus. Nun kamen acht Männer und hieben mit Knütteln auf den Grafen ein, daß ihm, knick knack, ein Glied nach dem andern zerbrach: Arme und Beine, Brust und Kopf. Dann ballten sie ihn zusammen, warfen ihn in die Höhe und schnellten ihn, kaum daß er herunten war, wieder und wieder hinauf und trieben dies bis zum Schlag zwölf, mit dem sie verschwanden. Wiederum eilten der Kastellan und die Diener herbei und gaben dem geschundenen Grafen zwei Schluck von dem Balsam zu trinken. Darauf versank er wieder in den heilenden Zauberschlaf und war bei seinem Erwachen gesund und stark.

Als die Prinzessin in der dritten Nacht zu ihm kam, war sie schon bis zum Kinn entschleiert, und ihr Antlitz war so schön, daß der Graf auf sie zuging und sie küssen wollte.

Doch sie winkte ihm, daß er sie nicht anrühren dürfe. »Noch mußt du die dritte und schwerste Probe bestehen«, sprach sie, und ihre Stimme klang weit fröhlicher als früher, »doch sei unbesorgt, selbst wenn sie dich in Stücke hauen! Sobald es zwölf schlägt, bin ich frei und habe die Macht, dich aus dem Tode zu erwecken. Dann wollen wir lebenslang fröhlich beieinander bleiben und glücklich sein.«

Sie ging hinaus, und es kamen zwölf Männer mit Messern und Beilen und hieben ihm ein Glied nach dem anderen ab. Doch er sprach kein Wort und wimmerte nicht einmal. Sie schlugen ihn in kleine Stücke, warfen dieselben in ein Faß und verschlossen es fest. Da schlug es zwölf. Die Prinzessin eilte herbei, machte das Faß auf, und der Graf

sprang gesund und unversehrt heraus und war weit schöner als zuvor. In königlichen Gewändern stand die Prinzessin vor ihm und war so strahlend schön wie keine Frau vor ihr und nach ihr. Sie fiel ihm um den Hals und sagte, nun sei sie erlöst und sei seine liebe Braut. Sie weinte und lachte und gab ihm einen herzlichen Kuß. Als nun auch er sie küßte, hörte man Sporen und Schwerter die Treppe heraufklirren, und herein traten wohl hundert stattliche Ritter, die trugen silberne Panzer und goldene Helme. Sie ließen sich vor dem jungen Grafen auf die Knie nieder und grüßten ihn als ihren Herrn und König des Landes. Darauf traten ebenso viele schöne Frauen herein, die waren in Samt und Seide gekleidet und knieten gleichfalls vor dem Grafen nieder. Danach kamen Kammerjunker und Kammerjungfern und Köche und Kutscher und Jäger, und alle dankten dem Grafen für ihre Erlösung.
Unterdes war es Morgen geworden, und die Prinzessin führte ihren jungen Gemahl ans Fenster, wies mit der Hand hinaus und sprach: »Sieh, dies alles ist dein.« Er blickte hinaus, da war der Nebel vergangen, welcher früher das Schloß eingehüllt hatte, und vor ihm dehnten sich reife Ährenfelder und grüne Wälder; und in den weiten Tälern und auf den Hügeln und Bergen lagen Dörfer und Städte. Und wie er noch mit der Prinzessin am Fenster stand und staunend hinausschaute, verneigten sich die Halme auf den Feldern vor ihnen und die Wipfel der Bäume, und alle Gipfel bückten sich ihnen zum Gruß.
Ein ganzes Jahr lang lebten sie in großem Glück, da fielen dem jungen König eines Tages sein kranker Vater und seine liebe Mutter ein, und er bat seine Gemahlin um Urlaub, denn er wollte die alten Eltern besuchen. Sie steckte ihm einen Ring an den Finger und hieß ihn denselben auf der Reise immer ansehen, damit er sie nicht vergesse. Auch riet sie ihm, er solle immer geradeaus reiten und keinen Weg nehmen, der rechts oder links abgehe, dann komme

er sicher ans Ziel. Der Ring aber werde in der Dunkelheit leuchten, so könne er den Weg nicht verfehlen. Sie gab ihm und seinen beiden Knappen Rosse, die niemals müde wurden, und die drei brachen auf und ritten bei Tag und bei Nacht.

Als sie hundert Meilen weit gekommen waren, führte ein Weg rechts in ein schattiges Gehölz; auf den geraden Weg aber schien heiß die Sonne. Darum bat der Knappe zur Rechten: »Laßt uns den schattigen Weg einschlagen; es wird uns erfrischen!« Der König wollte auf dem geraden Weg weiter, und der Knappe sprach: »So will ich allein durchs Holz reiten und am Ende auf Euch warten; ich komme wohl rascher hin als Ihr.«

Als der Knappe eine kurze Weile fort war, hörte ihn der König um Hilfe rufen. Eilig ritt er nach der Gegend hin und sah, daß der Knappe unter die Räuber gefallen war; sie hatten ihn totgeschlagen und waren mit seinen Kleidern und seinem Pferd auf und davon. Da erkannte der König, wie gut seine Gemahlin ihm geraten hatte.

Er setzte seinen Weg fort, und nach wieder hundert Meilen kam er mit seinem Knappen zur Linken an einen Berg. Der gerade Weg führte über die Höhe, aber links herum lag ein liebliches Tal. Da bat der Knappe: »Laßt uns durch den Talgrund reiten; da werden wir nicht so müde und verlieren den rechten Weg dennoch nicht.« Der König wollte davon nichts wissen, und der Knappe sprach: »So reite ich allein und will auf der anderen Seite des Berges auf Euch warten.« Der Knappe war nicht lange fort, da hörte der König ihn wimmern und schreien. Er eilte ihm nach und sah, daß jener in eine Löwengrube gefallen und von den Löwen zerrissen worden war.

Nun ritt der junge König Tag und Nacht allein weiter auf geradem Weg und kam endlich glücklich zu seinen Eltern. Sie wunderten sich, als sie den stattlichen Reiter sahen. Er gab sich ihnen zu erkennen und erzählte ihnen, daß er ein mächtiger König geworden sei. Seinem Vater aber, welcher immer noch krank war, gab er gleich eins von seinen guten Pulvern und machte ihn damit gesund. Darauf führte er seine Eltern heim auf sein Schloß zu seiner jungen Gemahlin, und sie lebten dort alle vier herrlich und in Freuden.

[Märchen aus Sachsen]

Die Prinzessin als Ritter

In Theben, der vornehmsten Stadt Ägyptens, die mit herrlichen Gebäuden geziert, von wogenden Saaten umgeben und durch frische Quellen erquickt, alle Annehmlichkeiten des geselligen Lebens im Überfluß bot, herrschte in vergangenen Zeiten ein König namens Riccardo, ein Mann von hoher Gelehrsamkeit und Tugend. Er wünschte sehnlich, daß mit seinem Tode sein Geschlecht nicht auslöschen möge, und nahm die Tochter des schottischen Königs, Valeriana, zur Ehe. Sie war eine kenntnisreiche, anmutige Prinzessin und schenkte ihm drei Töchter, welche blühend und lieblich waren wie Rosenknospen.
Als die Mädchen herangewachsen waren und Riccardo nicht glaubte, daß seine Gemahlin nun noch Kinder bekommen werde, beschloß er, sein Reich unter die Töchter aufzuteilen, um sie auf ehrenvolle Weise zu verheiraten. Er wollte nur soviel davon zurückbehalten, wie er zum Unterhalt seiner selbst, seiner Hausgenossen und seines Hofes brauchte.
Diesem voreiligen Entschluß folgte die Ausführung bald: Die drei Prinzessinnen wurden an drei mächtige Könige verheiratet und einer jeden der dritte Teil des väterlichen Reiches als Mitgift angewiesen. Riccardo und seine Gemahlin aber lebten fortan in Ruhe und Frieden auf dem kleinen Eigentum, welches er für sich und seine notwendigsten Bedürfnisse einbehalten hatte.
Nun geschah es, daß Valeriana, den Erwartungen ihres Gatten zum Trotz, nach einigen Jahren doch wieder Mutter wurde und ein wunderschönes Mädchen gebar, das

dem Vater ebenso lieb war wie seine drei ersten Töchter. Der Königin kam die Geburt des Kindes wenig erwünscht –, nicht, weil sie es gehaßt hätte, sondern allein weil das Reich ihres Gemahls gänzlich verteilt war und keine Aussicht bestand, die Tochter einst nach Würden zu versorgen. Sie handelte gleichwohl mütterlich an ihr und übergab sie einer geschickten Frau mit dem Auftrag, die größte Sorgfalt aufzuwenden und sie wohl zu unterrichten und zu edlen Sitten zu erziehen, wie sie einer jungen Prinzessin ziemten.

Constanza, so hieß Riccardos jüngste Tochter, nahm von Tag zu Tag an Schönheit und Sittsamkeit zu und begriff alles, worin ihre weise Lehrerin sie unterrichtete, leicht und schnell. Im Alter von zwölf Jahren konnte sie sticken, singen und tanzen, kurz alles, was sich für Frauen ziemt. Damit nicht zufrieden, gab sie sich dem Erlernen der Wissenschaften voller Eifer hin und übte sich in den männlichen Künsten des Krieges. Auch wußte sie Rosse zu bändigen, zu fechten und zu ringen und trug in diesen Kampfspielen häufig den Sieg davon. Wegen all dieser Eigenschaften und Fähigkeiten nun wurde Constanza von allen geliebt, und die Zärtlichkeit ihrer Eltern für sie kannte keine Grenzen.

Als sie vollends herangewachsen war, grämte sich ihr Vater sehr darüber, daß er weder Länder noch Schätze mehr hatte, um sie auf geziemende Weise zu versorgen und ihr einen König zum Gemahl zu geben. Oft beriet er mit Valeriana darüber. Eingedenk der vielen Tugenden ihrer Tochter, durch welche jene weit über allen anderen Frauen stand, war die kluge Königin ganz getrost. Sie redete dem König zu, er solle nur ruhig sein und ohne Sorge, denn es werde gewiß irgendein mächtiger Herrscher wegen ihrer Vorzüge in Liebe zu ihr entbrennen und sie ohne Mitgift zur Frau nehmen.

Es währte auch nicht lange, da warben viele edle Herren

um Constanzas Hand, darunter auch Brunello, der Sohn des Markgrafen von Vivien. Der König und die Königin riefen hierauf ihre Tochter zu sich, und der König sprach zu ihr: »Mein liebes Kind, die Zeit ist gekommen, dich zu verheiraten, und wir haben dir einen jungen Mann zum Gemahl bestimmt, der dir hoffentlich gefallen wird. Es ist Brunello, der Sohn eines unserer Freunde, ein kluger und mutiger Jüngling, dessen Name in der ganzen Welt gerühmt wird. Er achtet deine Liebenswürdigkeit und deine Tugenden mehr als alle Schätze und alle Länder. Du weißt, meine Tochter, daß unsere Armut es uns nicht vergönnt, dir einen Gemahl höheren Standes zu geben; darum wirst du dich in deinen Wünschen bescheiden und dich in unseren Willen fügen.«
Die kluge Constanza, welche keinen Augenblick vergaß, welch hohem Geschlecht sie entstammte, hatte ihrem Vater mit Aufmerksamkeit zugehört. Sie bedachte sich nicht lange und sprach: »Mein König, es bedarf nicht vieler Worte, um Euren ehrenwerten Vorschlag zu beantworten. Ich danke Euch für die Liebe und Sorgfalt, mit der Ihr Euch bemühet, mir einen Gemahl zu geben. Erlaubt mir aber, mit aller Demut und Ergebenheit zu sagen, daß ich weder den Willen habe, von der Reihe meiner edlen Vorfahren abzuweichen, noch die Absicht hege, Eure königliche Würde zu schmälern, indem ich mir einen Gemahl geringeren Standes wähle. Mit Bestimmtheit erkläre ich Euch, daß ich niemals einem Gemahl angehören will, wenn ich mich nicht, meiner Geburt angemessen, wie meine drei Schwestern einem König verbinden kann.«
Hierauf nahm sie Abschied von König und Königin, welche bei der Trennung bittere Tränen vergossen. Sie bestieg ein starkes Pferd, dessen Führung sie sich anvertraute, und verließ Theben allein und unbegleitet.
Auf ihrer Wanderschaft trug Constanza Männerkleider und ließ sich Constanzo nennen. Sie zog weit über Berg

und Tal. Sie sah mancherlei Länder, lernte deren Sitten und Bräuche kennen und hörte vielerlei Sprachen. Nach langem Umherstreifen ritt sie eines Morgens bei Sonnenaufgang in die berühmte Stadt Constanza ein, deren Beherrscher Cacco, König von Bettinia, war. Sie bewunderte die schönen Paläste und die weiten, geraden Straßen, die breiten, wasserreichen Kanäle und die klaren, spiegelhellen Brunnen. Als sie sich dem Hauptplatz näherte, sah sie das hohe, geräumige Königsschloß vor sich liegen, dessen Säulen aus edelstem Marmor, aus Porphyr und Serpentin waren. Sie hob die Augen in die Höhe und erblickte den König auf einem Balkon, von welchem er den ganzen Platz überschaute. Ehrerbietig zog sie den Hut, ihn zu grüßen. Der König bemerkte den hübschen Jüngling wohl. Er schickte hinunter, ließ ihn zu sich rufen und befragte ihn nach Namen und Vaterland. Der fremde Jüngling gab ohne Verlegenheit Auskunft und erzählte, er komme aus Theben, heiße Constanzo und suche einen ehrbaren Herrn, dem er mit gebührender Liebe und Treue dienen wolle. Das einnehmende Wesen des Jünglings gefiel dem König, und er sprach: »Da du den Namen meiner Hauptstadt trägst, sollst du an meinem Hof bleiben und nichts anderes tun, als mir allein aufzuwarten.« Dies gerade war es, was auch Constanzo wünschte. Er dankte dem König, erkannte ihn als seinen Herrn an und versprach, alles für ihn zu tun, was in seinen Kräften stehe.
Constanzo, nun Diener des Königs geworden, versah seine Arbeit mit soviel Anmut, daß alle sich über ihn verwunderten. Auch die Königin wurde durch sein gefälliges Wesen und seine feinen Sitten auf ihn aufmerksam. Sie betrachtete ihn mit immer größerem Wohlgefallen und entbrannte zuletzt in so glühender Liebe zu ihm, daß sie Tag und Nacht nur noch an ihn denken konnte. Sehnlichst wünschte sie, ihn allein zu sprechen, und als sich die Gelegenheit fand, fragte sie ihn, ob er nicht in ihren Dienst

übergehen wolle. Sie verhieß ihm große Belohnungen sowie höchste Achtung und Ehre bei Hofe.

Constanzo erkannte sogleich, daß die Worte der Königin eher heftiger Liebesleidenschaft als freundschaftlichem Wohlwollen entsprangen, und antwortete bescheiden, aber fest: »Gnädige Herrin, die Treue, welche ich dem König, Eurem Gemahl, schulde, ist so groß, daß ich mich nicht von dem Gehorsam ihm gegenüber lossagen könnte, ohne mich dadurch aufs schwerste an ihm zu vergehen. Ich gedenke, bis in den Tod treu bei meinem trefflichen Herrn zu bleiben. Verzeiht mir darum, daß ich Euch nicht dienen kann.« Nach dieser Rede beurlaubte er sich und verließ sie.

»Die harte Eiche fällt nicht von einem Schlag«, dachte die Königin bei sich und bot all ihre List auf, um den Jüngling doch noch in ihre Dienste zu ziehen. Allein er blieb standhaft wie ein hoher Turm, der ungestümen Winden widersteht. Ihre glühende Liebe verwandelte sich darum in brennenden Haß. Sie wünschte seinen Tod und sann Tag und Nacht darauf, ihn sich auf Nimmerwiedersehen aus den Augen zu schaffen, doch fürchtete sie den König, dem Constanzo lieb und teuer war.

In Bettinia hielten sich damals wunderliche Geschöpfe auf, welche von der Mitte des Leibes an nach oben menschliche Gestalt besaßen, nur daß sie Ohren und Hörner hatten wie Tiere; nach unten aber hatten sie rauhe, ziegenartige Glieder und einen gekrümmten Schwanz wie Eber. Diese Satyrn richteten großes Unheil im Lande an und schadeten den Menschen und ihren Besitzungen sehr. Der König wünschte über alles, einen davon lebend in seine Gewalt zu bekommen, allein niemand getraute sich, sein Begehren zu erfüllen. Die falsche Königin glaubte, hier ein Mittel zu Constanzos Untergang gefunden zu haben; aber es kam anders, als sie dachte, denn wer andere stürzen will, fällt oft selbst zu Boden.

Als sie eines Tages mit ihrem Gemahl im Gespräch begriffen war, brachte sie nach manchem andern die Rede auf die wunderlichen Geschöpfe und sprach: »Wißt Ihr denn nicht, daß Euer treuer Diener Constanzo so stark und kühn ist, daß er Herz genug hätte, einen Satyr ohne Hilfe zu fangen und Euch lebendig zu bringen, wenn er nur wollte? Befehlt ihm, den Versuch zu wagen! Gelingt er, ist Eures Herzens Wunsch befriedigt, und Euer Diener hat als heldenmütiger Ritter sich beweisen und Ruhm und Preis erringen können.«
Die Worte der listigen Königin fanden Eingang bei dem König. Er ließ den Diener rufen und sprach zu ihm: »Wisse, Constanzo, daß ich großes Verlangen trage, einen Satyr in meiner Gewalt zu haben. In meinem ganzen Reich gibt es keinen Menschen, der mir besser hierin dienen könnte als du, denn du besitzt Kraft und Mut. Und da du mich aufrichtig liebst, wirst du bestrebt sein, meine sehnlichsten Wünsche zu erfüllen, und mir dies Begehren nicht abschlagen.«
Der Jüngling wußte recht gut, woher die Anregung zu der Aufgabe kam, doch wollte er seinen Herrn nicht betrüben und antwortete deshalb mit heiterer Miene: »Mögt Ihr mir dies oder anderes auferlegen, ich will stets alle Kräfte aufbieten, um Euch zufriedenzustellen, koste es auch mein Leben. Doch ehe ich dieses gefahrvolle Unternehmen beginne, gebt Befehl, daß ein großes Faß mit weiter Öffnung in den Wald getragen werde, ferner eine Tonne guten Weines vom stärksten, den es gibt, nebst zwei Säcken mit weißem Brot.«
Der König ließ alles unverzüglich so ausführen, wie Constanzo es angeordnet hatte. Darauf begab sich jener in den Wald, schöpfte den Wein mit einem kupfernen Eimer aus der Tonne in das danebenstehende weite Faß und brockte alles Brot hinein. Als dies geschehen war, stieg er auf einen dicht belaubten Baum und wartete dort den Erfolg ab.

Kaum saß Constanzo auf dem Baum, als die Satyrn, angelockt vom würzigen Duft des Weines, von allen Seiten dem Faß zueilten. Sie fielen darüber her wie gierige Wölfe über die armen Schäfchen, wenn sie in deren Hürden eindringen. Nachdem sie so satt waren, daß sie nicht mehr weiterkonnten, legten sie sich nieder und schliefen fest ein. Der Lärm der ganzen Welt hätte sie nicht erwecken können.
Constanzo stieg vom Baum, näherte sich einem von ihnen und band ihm Hände und Füße mit einem Strick. Er legte ihn auf sein Pferd und führte ihn mit sich fort. Gegen Abend erreichten sie ein Dorf nahe der Stadt. Der Tiermensch, welcher nun seine Trunkenheit verschlafen hatte, schlug die Augen auf und fing zu gähnen an, als steige er gerade aus dem Bett. Er schaute um sich und erblickte einen Hausvater, welcher mit großem Trauergeleite die Leiche eines Kindes zu Grabe begleitete. Der Mann weinte von Herzen; der Satyr lächelte darüber. Sie ritten weiter und kamen in die Stadt. Auf dem Marktplatz hatte sich viel Volk versammelt und sah zu, wie ein armer Tropf, der schon auf der Leiter stand, aufgeknüpft werden sollte. Darüber lachte der Satyr. Sobald sie zum Palast gelangten, brachen alle dort vor Freude und Bewunderung in lautes Geschrei aus. »Constanzo, Constanzo!« rief es von allen Seiten. Darüber lachte der Satyr noch mehr, ja, er konnte sich gar nicht zufriedengeben mit Lachen.
Der Jüngling führte seinen Fang nun vor den König und vor die Königin, welche von ihren Fräulein umgeben war. Hatte der Satyr aber zuvor schon gelacht, so brach er jetzt in ein so übermäßiges Gelächter aus, daß alle Anwesenden sich höchlichst darüber verwunderten. Der König aber, der nunmehr seinen sehnlichsten Wunsch durch Constanzo erfüllt sah, bezeigte sich ihm gunstvoller denn je und liebte ihn, wie noch kein Diener je von seinem Herrn geliebt worden war. Die heimtückische Königin hingegen empfand den größten Verdruß, daß sie das Glück des

Jünglings erhöht hatte, anstatt ihn zu verderben. Es war ihr unerträglich, so viel Gutes aus ihrem bösen Plan hervorgehen zu sehen, und sie sann auf eine neue List, ihm den sicheren Untergang zu bereiten.
Alle Morgen pflegte der König zum Gefängnis des Satyrs zu gehen, und jedesmal suchte er ihn zum Reden zu bewegen, denn das hätte er gar zu gerne gehabt. All sein Bemühen war aber vergeblich, und er grämte sich sehr darüber. Dies wußte die Königin, und darum sprach sie zu ihrem Gemahl: »Mich wundert, wie Ihr Eure kostbare Zeit vergeudet, um den Satyr mit Euch sprechen zu machen, denn es wäre Eurem treuen Diener Constanzo ein leichtes, dies zu erreichen. Warum überlaßt Ihr nicht seinem Talent, was Euer Geschick Euch versagt?«
Da ließ der König den Jüngling augenblicklich rufen und sprach zu ihm: »Du weißt, Constanzo, wieviel Vergnügen es mir macht, daß du mir den Satyr eingefangen. Doch tut es mir leid, daß er stumm ist und auf meine Fragen durchaus nicht antworten will. Dir aber, so wurde mir berichtet, könnte es gelingen, ihn zum Sprechen zu bringen.«
»Herr«, erwiderte Constanzo, »wenn der Satyr stumm ist, kann auch ich nichts dagegen tun, denn einem Wesen Sprache zu verleihen, steht nicht in eines Menschen Kraft. Sollte es aber weder ein natürlicher noch zufälliger Mangel sein, welcher seine Lippen verschließt, sondern Hartnäckigkeit, so will ich gern all mein Bemühen aufwenden, ihn dahin zu bringen, daß er spricht.«
Constanzo ging mit dem König zum Gefängnis des Satyrs, brachte ihm gut zu essen und noch besser zu trinken und sprach: »Da, iß und trink, Chiappino!« (Diesen Namen hatte Constanzo ihm gegeben.) Der Satyr sah ihn an und gab keine Antwort. »Sprich doch, Chiappino, ich bitte dich, und sag mir, ob dir dieser Kapaun schmeckt und der Wein nach deinem Geschmack ist.« Chiappino wollte noch immer nicht antworten. »Warte nur, dein Eigensinn

soll bestraft werden!« drohte Constanzo ihm. »Ich lasse dich hier im Gefängnis verhungern und verdursten, wenn du nicht endlich zu mir sprichst!« Der Satyr sah Constanzo mit scheelen Augen an. »So antworte doch, Chiappino!« fuhr der Jüngling fort. »Wenn du es tust, dann werde ich dich aus deinem Gefängnis befreien.« Chiappino, der aufmerksam gelauscht und alles wohl verstanden hatte, hörte kaum von seiner Befreiung, als er sagte: »Was willst du denn von mir?« Da wollte Constanzo erst einmal von ihm wissen, ob er zu seiner Zufriedenheit gegessen und getrunken habe und satt sei. »Ja«, antwortete der Satyr. Darauf fragte Constanzo ihn: »Warum denn lachtest du, als wir auf unserem Wege in die Stadt das tote Kind sahen?«
»Nicht über das tote Kind lachte ich«, antwortete der Satyr, »ich lachte über den Menschen, welcher weinte und meinte, der Vater zu sein, und über den Priester, welcher sang und der Vater war.«
»Und was bewog dich zum Lachen, mein Chiappino, als wir am Marktplatz vorüberkamen?«
»Ich mußte lachen«, erwiderte der Satyr, »weil so viele Schurken, die den Bürgern Tausende von Gulden stehlen und tausend Galgen verdienen, dort standen, um einen armen Tropf zu sehen, den man zum Galgen führte, weil er elende zehn Gulden gestohlen hatte, und das vielleicht nur, um sich und die Seinen vor dem Verhungern zu bewahren.«
»Nun sage mir auch noch, warum du so sehr lachtest, als wir zum Palast kamen.«
»Quäle mich heute nicht länger mit Fragen«, bat der Satyr. »Geh jetzt und komme morgen wieder; ich werde dir dann antworten, wie du es gewiß am wenigsten erwartest.«
»So laßt uns denn gehen«, sprach Constanzo zum König, »und morgen wiederkommen und hören, was er damit meint.«

Ehe sie sich entfernten, befahlen sie noch, dem Chiappino gut zu essen und zu trinken zu geben, damit er am folgenden Tag um so lieber rede.
Am nächsten Morgen fanden sie den Satyr schnaubend und schnarchend in tiefem Schlaf daliegen. Constanzo näherte sich ihm und rief ihn einige Male laut beim Namen, allein Chiappino hörte ihn nicht. Da stach er ihn so lange mit dem Wurfspieß, bis er munter wurde, und als er vollends wach war, sprach er zu ihm: »Nun, Chiappino, verrate, was du gestern versprachst, und erzähle uns, warum du so sehr lachtest, als wir zum Palast kamen.«
Worauf der Satyr erwiderte: »Das weißt du besser als ich: Weil alle ›Constanzo, Constanzo‹ riefen und du doch Constanza bist!«
Der König verstand nicht recht, was Chiappino damit meinte. Constanzo aber, welcher es sehr wohl wußte und den Satyr hindern wollte, sein Geheimnis zu verraten, fiel ihm in die Rede: »Sag schnell, was dich zu dem übermäßigen Gelächter reizte, als du vor dem König und der Königin standest?«
»Ich lachte so gewaltig«, antwortete Chiappino, »weil ihr glaubt, daß alle Fräulein, welche der Königin dienen, Fräulein seien, da doch die wenigsten von ihnen es sind.«
Hier schwieg er. Der König sagte kein Wort. Er stand eine Weile sinnend da und verließ dann mit seinem Diener den Satyr, begierig, sich über alles Erläuterung zu verschaffen. Schon bald erfuhr er, daß Chiappino die Wahrheit gesagt hatte: Sein Constanzo war eine Constanza, die Fräulein der Königin aber waren zumeist schöne junge Männer. Da ließ er auf dem Marktplatz unverzüglich einen großen Scheiterhaufen entzünden und die Königin nebst ihren falschen Fräulein darauf vor den Augen des ganzen Volkes verbrennen. Und weil er wußte, mit welcher Treue und Anhänglichkeit die schöne Constanza ihm zugetan war, reichte er ihr, in Gegenwart all seiner Ritter und Barone,

die Hand als seiner geliebten Gemahlin. Sie entdeckte ihm darauf, wessen Tochter sie war. Vergnügt darüber sandte der König alsbald Boten zu Riccardo und Valeriana sowie an die drei Schwestern und ließ ihnen ausrichten, daß auch Constanza an einen König verheiratet sei. Diese Nachricht hörten alle mit Freude.
So war die edle und hochherzige Constanza zum Lohn für ihre Treue ebenfalls eine Königin geworden.

[Märchen aus Italien]

Stan Bolovan

❧ ❧ ❧ ❧

Es war einmal, was einmal war. Wäre es nicht gewesen, würde es nicht erzählt.
Am Rande eines Dorfes, dort, wo die Ochsen der Bauern das Heckentor einbrechen und die Schweine der Nachbarn unter den Zäunen die Erde aufwühlen, stand einst ein Haus. In diesem Haus wohnte ein Mann, und der Mann hatte eine Frau, die Frau aber war traurig den ganzen Tag.
»Liebe Frau, was quält dich, daß du immer wie eine bereifte Blüte im Sonnenlicht aussiehst?« fragte ihr Mann sie eines Tages. »Du hast, was du brauchst. So sei doch froh wie andere Leute!«
»Laß mich in Ruhe und frag nicht weiter!« entgegnete die Frau und wurde darauf noch trübsinniger als zuvor. Ihr Mann hat sie bald noch einmal gefragt und hat ganz die gleiche Antwort bekommen. Als er seine Frage aber zum dritten Mal stellte, hat sie ihm schließlich des längeren und breiteren geantwortet. »Mein Gott«, sagte sie, »was willst du dir den Kopf auch noch damit anfüllen? Wenn du es erfährst, wirst du ebenso traurig sein wie ich. Es ist besser, wenn ich es dir gar nicht sage.«
Aber so etwas verträgt der Mensch nicht. Gerade wenn du ihm sagst, er soll sitzen bleiben, überkommt ihn die Wanderlust. Jetzt wollte Stan erst recht wissen, wie und was seiner Frau im Sinn lag, und endlich verriet sie es ihm und sprach: »Wenn du es denn unbedingt wissen willst, so werde ich's dir sagen: Es ist kein Glück im Haus, lieber Mann, kein Glück!«

»Ist die Kuh nicht schön? Sind die Obstbäume nicht so voll wie die Bienenkörbe und die Felder nicht ergiebig?« fragte Stan. »Du redest töricht, wenn du dich solcherart beklagst.«

»Aber, Mann, du hast keine Kinder!«

Da hat Stan verstanden, und wenn ein Mensch solches versteht, geht's ihm nicht gut. Von nun an gab es in dem Haus am Rande des Dorfes einen traurigen Mann und eine traurige Frau. Und traurig waren sie, weil ihnen der Herrgott keine Kinder beschert hatte. Und wenn sie ihn traurig sah, wurde sie noch trauriger, und je trauriger sie war, um so mehr nahm seine Trauer zu. So ging es lange Zeit. In allen Kirchen ließen sie Messen halten und Gebete lesen, ja sie fragten selbst bei allen Hexen und weisen Frauen an, aber die sehnlichst gewünschte Gabe Gottes kam nicht.

Eines Tages, als unser Herr Jesus Christus sich auf seiner Erdenreise befand, kehrte er auch bei Stan ein. Er reiste gemeinsam mit dem Apostel Petrus, und die zwei wurden in Stans Haus mit großer Freude wie werte Gäste aufgenommen. Die besten Speisen wurden ihnen vorgesetzt, und gute Reden fehlten weder von seiten Stans noch von seiten seiner Frau, so daß Christus sah, daß sie brave Leute waren. Als er die Hafersäcke wieder über die Schulter warf, um weiterzuwandern, fragte er Stan, was er sich wünsche, denn er wolle ihm drei Wünsche erfüllen.

»Herr, gib mir Kinder!« bat Stan.

»Was weiter soll ich dir geben?«

»Kinder, Herr, gib mir weiter Kinder!«

»Nimm dich in acht, Stan, sonst werden es zu viele!« gab der Herr zu bedenken. »Hast du denn genug, um sie zu erhalten?«

»Gib mir nur, Herr, und frage nach nichts weiter!«

Christus und Sankt Peter brachen auf, und Stan begleitete sie ein Stück, damit sie den richtigen Weg nicht verlören und sich zwischen den Feldern und Wäldern verirrten. Als

er wieder zu Hause anlangte, fand er sein Haus, den Hof und den Garten voller Kinder, eins neben dem anderen, und alle zusammen waren es nicht weniger noch mehr als hundert. Und keins war größer als das andere, sondern eines immer kleiner als das andere, immer rauflustiger, immer kecker und immer schreihalsiger als das andere. Und der liebe Gott ließ den Stan fühlen und wissen, daß sie alle ihm gehörten und sein wären.
»Herrgott, du mein Gott, so viele!« rief er, in ihrer Mitte stehend und sich drehend.
»Aber nicht zu viele!« sagte seine Frau und trat zu ihm.
Es kamen Tage, wie sie nur bei einem Mann mit hundert Kindern sein können: Haus und Dorf hallten wider von »Vater« und »Mutter«, und die Welt war voller Freuden.
Aber ganz so einfach ist die Geschichte mit vielen Kindern nicht. Bei viel Freude gibt es auch viel Not, und viel Not bei viel Freude. Als die Kinder nach einigen Tagen zu schreien anfingen: »Vater, wir haben Hunger!«, begann Stan sich den Kopf zu krauen. Zwar schienen es ihm nicht zu viele Kinder – denn eine Gabe Gottes ist gut, wenn sie auch noch so groß ist –, aber seine Speicher waren zu klein, die Kuh wurde mager, und die Feldfrüchte reichten nicht aus.
»Weißt du, Frau«, sagte Stan eines Tages, »es kommt mir vor, als ob in unserer Angelegenheit kein rechter Einklang herrscht. Da der liebe Herrgott uns so viele Kinder gegeben hat, hätte er die Güte vollmachen und uns zugleich auch die nötige Nahrung für sie schicken sollen.«
»Such nur, Mann«, entgegnete ihm die Frau, »wer weiß, wo sie versteckt liegt. Der Herrgott macht nie ein Ding nur halb.«
Da ging Stan in die weite Welt, um die Gabe Gottes zu finden. Und er nahm sich fest vor, nicht anders als mit Nahrung beladen nach Hause zurückzukehren.
Nun ist aber der Weg des Hungrigen der allerlängste, und

so eins, zwei, drei läßt sich die Nahrung für hundert gierige Kinder nicht verdienen. Stan wanderte, wanderte, wanderte, bis er sich die Hacken abgelaufen hatte, und war doch auf nichts Gedeihliches gestoßen. Als er dann beinahe am Ende der Welt angelangt war – dort, wo das, was ist, sich mit dem vermengt, was nicht ist –, erblickte er in der Ferne auf einem Feld, welches ausgerollt wie ein Kuchen dalag, eine Hürde. Davor standen sieben Schäfer, und darinnen, im Schatten, lagerte eine Schafherde.
»Herr, steh mir bei«, dachte Stan bei sich und ging auf die Hürde zu, um zu sehen, ob er hier nicht mit Geduld und Überlegung ein Geschäft machen könne. Allmählich merkte er aber, daß hier noch weniger Hoffnung zu finden war als dort, wo er bisher gewandert. Es war nämlich so, daß an jenem Tag gerade um Mitternacht zum wiederholten Male ein wütender Drache erwartet wurde. Wenn er kam, nahm er jedesmal einen Widder, ein Schaf und ein Lamm aus der Herde mit, also drei Stück Vieh. Des weiteren stahl er die Milch von siebenundsiebzig Lämmlein und brachte sie seiner Mutter, der alten Drachin, damit sie sich darin bade und verjünge. Die Hirten empörten und beklagten sich in bittern Worten darüber, so daß Stan einsah, daß er von hier nicht gerade überreich beladen zu seinen Kindern heimkehren würde. Ja, aber es gibt keinen mächtigeren Sporn, als wenn man weiß, daß die eigenen Kinder daheim hungern. Stan ging ein Gedanke durch den Kopf, und er fragte in gewagter Rede: »Was würdet ihr mir geben, wenn ich euch von dem gierigen Drachen befreite?«
»Von drei Widdern sei einer der deine, von den Schafen immer das dritte, von den Lämmern aber eins dir und zwei uns«, entgegneten die Hirten.
»Gutes Übereinkommen«, dachte Stan, doch es beunruhigte ihn, daß es ihm allein womöglich zu schwer werden möchte, seine Herde nach Hause zu treiben. Damit hatte

es aber keine Eile, denn bis Mitternacht blieb noch ein Stück Zeit. Und hernach? Hernach, aufrichtig gesagt, wußte Stan noch immer nicht, wie er mit dem Drachen fertig werden sollte. »Der Herrgott wird mir schon einen guten Gedanken schicken«, dachte er zuversichtlich und zählte wiederum die Herde, um zu sehen, wieviel Stück ihm bleiben würden.

Gerade um Mitternacht, als Tag und Nacht ihres Kampfes für einen Augenblick müde wurden und stille standen, fühlte Stan, daß ihm etwas noch nie Dagewesenes widerfuhr, etwas, was sich gar nicht beschreiben läßt, nämlich der Schrecken, wenn ein Drache näherkommt: Es war, als ob er Felsen in die Bäume schleudere und so sich seinen Weg durch die alten Hochwälder bahne; es war ein solcher Schrecken, daß selbst Stan einfiel, wegzulaufen und nicht weiter mit dem Drachen anzubinden. Ja, aber zu Hause hungerten doch die Kinder!

»Ich dich, oder du mich!« dachte Stan bei sich und blieb da, wo er war, am Rande der Hürde. »Halt!« rief er, als er den Drachen dicht bei der Herde sah, und er rief es, als ob er wer weiß wer sei.

»Hm«, sagte der Drache, »woher tauchst du denn auf, und wer bist du, daß du mich so anschreist?«

»Ich bin Stan Bolovan, welcher des Nachts Felsen frißt und am Tage auf den Bäumen der Hochwälder weidet. Und wenn du die Herde anrührst, schneide ich dir ein Kreuz in den Rücken und bade dich in heiligem Wasser!«

Als der Drache solche Worte hörte, hielt er mitten im Weg an, denn er merkte, daß er seinen Herrn gefunden. »Vorher aber mußt du dich mit mir messen«, murmelte er mit halbem Munde.

»Ich? Mit dir?« entgegnete Stan. »Hüte dich vor dem Wort, das dir entschlüpft ist! Mein Atem ist stärker als dein ganzer Tritt!« Und darauf holte er aus seinem Reisesack ein Stück weißen Käse hervor und zeigte ihn dem

Drachen. »Siehst du diesen Stein?« sprach er. »Nimm du dir auch einen dort vom Flußrand! Wir wollen unsere Kräfte messen.«

Der Drache nahm einen Stein vom Rand des Baches. »Kannst du Buttermilch aus dem Stein drücken?« fragte Stan. Der Drache drückte den Stein in der Hand zusammen, so daß er ihn zu Staub zermalmte, aber Buttermilch drückte er nicht heraus. »Das ist unmöglich! Das geht überhaupt nicht!« sagte er ärgerlich.

»Ich werde dir zeigen, daß es geht«, erwiderte Stan und drückte den weißen Käse in der Hand zusammen, daß ihm die Buttermilch zwischen den Fingern hindurchlief.

Als der Drache das sah, fing er an, um sich zu schauen, um den kürzesten Fluchtweg herauszufinden. Stan aber stellte sich vor den Wald. »Laß uns mal Abrechnung halten«, erklärte er, »wegen all dem, was du dir von hier weggeholt hast. Hier schenkt man sich nämlich nichts!«

Der arme Drache hätte sich am liebsten aus dem Staub gemacht, aber er fürchtete, Stan könnte kräftig hinter ihm herpusten und ihn zum Straucheln bringen und einholen. So blieb er denn stehen wie einer, dem nichts anderes übrigbleibt. »Hör mal«, begann er nach einer Weile, »ich sehe, du bist ein brauchbarer Mensch. Meine Mutter sucht schon lange so einen Knecht wie dich und kann keinen finden. Tritt du in unseren Dienst! Das Jahr hat drei Tage, und der Lohn für jeden Tag sind sieben Säcke Dukaten.«

Dreimal sieben Säcke Dukaten, eine schöne Sache, und Stan brauchte sie nötig. »Wenn ich den Teufel überlistet habe«, dachte er, »so werde ich mit seiner Mutter wohl auch fertig werden.« Daher machte er nicht viele Worte, sondern ging mit dem Drachen davon. Es war ein sehr, sehr langer Weg, aber immer noch viel zu kurz, weil er ja zum Teufel führte. Dem Stan schien es, als seien sie angelangt, noch ehe sie aufgebrochen.

Die uralte Drachin, gerade so alt wie die Zeit selbst, erwartete sie schon. Sie zündete Feuer an unter dem großen Kessel, in welchem sie die Milch kochen und mit Lammblut und Knochenmark vermengen wollte, damit der Heilsaft Heilkraft habe. Stan sah ihre Augen schon auf drei Schuß weit durch die Nacht dringen. Als der Drache mit ihm aber an Ort und Stelle ankam und die Drachin sah, daß ihr Sohn ihr nichts brachte, ärgerte sie sich sehr und wirkte durchaus nicht liebreizend mit ihrem gefurchten Gesicht und dem offenen Maul, den wirren Haaren und den hohlen Augen, den trockenen Lippen und dem zwiebelriechenden Atem.
»Bleib, wo du bist«, sagte der Drache zu Stan. »Ich gehe allein hinein, um mich mit Mutter zu verständigen.« Stan hätte jetzt gern ein wenig ferner gestanden, aber er hatte keine Wahl, nun er seinen Kopf einmal in diese böse Sache gesteckt hatte. So ließ er den Drachen gehen und blieb stehen, wo er stand.
»Hör, Mutter«, sprach der Drache, als er in den Hausflur getreten, »ich habe dir diesen Menschen mitgebracht, um ihn loszuwerden. Er ist ein schrecklicher Kerl, welcher Felsbrocken ißt und Buttermilch aus Steinen preßt.« Und er erzählte seiner Mutter, wie und was ihm geschehen war.
»Überlaß ihn nur mir!« antwortete die Drachin, nachdem sie alles erfahren. »Kein Mensch ist mir je durch die Finger geschlüpft!« Und so blieb es bei dem, was abgemacht worden war: Stan Bolovan ward Knecht beim Teufel und seiner Mutter. Viel auf einmal. Ich weiß wirklich nicht, was dabei herauskommen wird.
Am nächsten Tag teilte die Drachin Stan Arbeit zu. Er sollte sich mit dem Drachensohn messen und mit einer siebenfach eisenbeschlagenen Keule werfen. Der Drache hob die Keule als erster auf und warf sie drei Meilen weit. Darauf machte er sich mit Stan auf, damit der sie ebenfalls

drei Meilen weit oder womöglich noch weiter werfe. Als Stan bei der Keule anlangte, schaute er sie besorgt an. Er sah, daß er sie mit allen seinen Kindern zusammen nicht einmal vom Erdboden würde aufheben können. »Was stehst du da?« fragte ihn der Drache.
»Ja, siehst du, es ist eine so schöne Keule«, sagte Stan. »Schade um sie!«
»Wie, schade um sie?« fragte der Drache.
»Weil«, erwiderte Stan, »weil du sie, fürchte ich, dein Lebtag nicht wiedersehen wirst, wenn ich sie werfe. Ich kenne meine Kraft.«
»Fürchte dich nicht, wirf nur!« ermunterte ihn der Drache.
»Nun gut, wenn du meinst! Doch wollen wir erst hingehen und uns für drei Tage zu essen holen, denn drei Tage – wenn nicht mehr – werden wir sicher hinter ihr herzugehen haben.«
Nach diesen Worten bekam der Drache Angst, aber dann glaubte er doch nicht, daß es so schlimm würde, wie Stan sagte. Die beiden gingen also nach Hause, um Eßsachen zu holen, aber es wollte dem Drachen gar nicht passen, daß Stan sein Jahr abdiente, indem er der Keule nachlief. Als sie endlich wieder bei der Keule waren, setzte Stan sich auf den Vorratssack und versank im Anschauen des Mondes. »Was machst du da?« fragte der Drache und wunderte sich.
»Ich warte nur, daß der Mond vorbeizieht.«
»Warum?«
»Siehst du denn nicht, daß mir der Mond im Weg ist?« fragte Stan. »Oder willst du, daß ich die Keule in ihn hineinwerfe?«
Jetzt begann der Riese sich ordentlich zu beunruhigen. Es war nämlich eine Keule, die ihm vom Großvater überkommen war, und er hätte sie durchaus nicht an den Mond verlieren mögen. »Weißt du was«, sagte er zu Stan, »laß es sein und wirf nicht. Ich werfe statt deiner.«

»Gewiß nicht! Da sei Gott vor!« rief Stan. »Wart nur, daß der Mond vorüberzieht!« Darüber entspann sich ein langes Gespräch, und nur um sieben Säcke Dukaten hat Stan sich schließlich dazu verstehen wollen, daß der Drache noch einmal die Keule warf.

»O weh, Mutter, das ist ein gewaltiger Mensch!« sprach der Drache später zur Drachin. »Ich habe ihn kaum hindern können, daß er die Keule in den Mond warf.«

Da fing auch die Mutter an, sich zu beunruhigen, und dachte sich für den nächsten Tag eine schwerere Aufgabe aus. »Tragt Wasser!« befahl sie in der Frühe und gab jedem zwölf Büffelschläuche, die sollten sie bis zum Abend füllen und auf einmal nach Haus tragen.

So gingen sie denn zu dem Steinbrunnen. Ehe man nur mit den Augen blinkt, hatte der Drache alle zwölf Büffelhäute gefüllt und war schon dabei, sie zurückzubringen. Stan war müde. Er hatte kaum die leeren Schläuche schleppen können, und Schauer zogen ihm durch die Adern, wenn er an die vollen dachte. Was tat er? Er zog eine abgenutzte Messerklinge aus dem Gurt und fing an, die Erde rund um den Brunnen damit aufzuritzen.

»Was machst du da?« fragte der Drache und wunderte sich.

»Ich bin doch nicht närrisch, daß ich mir die Mühe mache, die Büffelschläuche mit Wasser zu füllen«, entgegnete Stan.

»Wie willst du dann aber das Wasser nach Haus bringen?«

»Wie? Ganz einfach, wie du siehst: Ich nehme den ganzen Brunnen mit.«

Da blieb der Drache mit offenem Mund stehen. Was Stan mit dem Brunnen vorhatte, das mußte er um alles in der Welt verhindern, weil der Brunnen doch noch aus der Zeit des Großvaters stammte!

»Weißt du was«, sagte er, »laß es sein und gib mir deine Schläuche zu tragen!«

»Gewiß nicht, da sei Gott vor!« erwiderte Stan und grub weiter um den Brunnen herum. Jetzt entspann sich darüber ein langes Gespräch, und auch diesmal konnte der Drache den Stan nur mit sieben Säcken Dukaten beschwichtigen.

Am dritten und also dem letzten Tag schickte die Drachin sie in den Wald nach Holz. Ehe man eins, zwei, drei gesagt, riß der Drache so viele Bäume aus, wie Stan sein Leben lang nicht beisammen gesehen, und schichtete sie aufeinander. Stan aber fing erst einmal an, sich die Bäume zu beschauen. Dann wählte er die schönsten aus, kletterte auf einen derselben und band dessen Wipfel mit einer wilden Weinrebe an den nächsten. Ohne ein Wort zu sprechen, band er immer einen schönen Baum an den anderen.

»Was machst du da?« fragte der Drache und wunderte sich.

»Du siehst doch, was ich mache«, antwortete Stan und arbeitete ruhig weiter.

»Warum bindest du die Bäume aneinander?«

»Ich will mir keine unnötige Arbeit machen, indem ich einen nach dem anderen ausreiße«, erklärte Stan.

»Aber wie willst du sie nach Hause bringen?«

»Ich bringe gleich den ganzen Wald; kannst du das denn nicht verstehen?«

Dem Drachen war zumute, als müsse er Reißaus nehmen. Er fürchtet aber, daß Stan ihm das ganze Waldstück nachwerfen werde. So redeten sie wieder miteinander, aber es gab des Hin- und Herredens lange kein Ende, weil es diesmal am Ende des Dienstjahres war. Stan wollte sich auf weiter keinen Handel einlassen, sondern hatte seinen Kopf drauf versetzt, den Wald um jeden Preis auf den Rücken zu nehmen.

»Weißt du was«, sagte der Drache schließlich und zitterte vor Furcht, »ich werde dir nochmals sieben mal sieben Säcke Dukaten zum Lohn geben, und damit laß es gut sein!«

Stan willigte ein. »Es sei«, sprach er, »denn ich sehe, daß du ein braver Kerl bist«, und traf mit dem Drachen die Übereinkunft, daß jener beider Holz heimtrage.
Jetzt war das Jahr herum. Stan beunruhigte sich nur um eines: Wie sollte er die vielen schweren Dukaten nach Hause schaffen?
Am Abend saßen der Drache und seine Mutter im Gespräch in der Stube, jedoch horchte Stan vom Flur aus auf ihre Rede.
»Weh und Leid über uns!« sprach der Drache. »Dieser Mensch bringt uns aus den Fugen. Gib ihm Geld, gib ihm sogar noch mehr, nur damit wir ihn loswerden!«
Ja, aber der Drachin kam es aufs Geld an! »Laß dir eins gesagt sein, mein Sohn«, sprach sie, »du mußt diesen Menschen heute nacht umbringen!«
»Ich fürchte mich aber, Mutter«, entgegnete der Drache und war zu Tode erschrocken.
»Darum sorg dich nicht!« antwortete die Mutter. »Wenn du siehst, daß er schläft, nimm die Keule und schlag ihm gerade mitten auf die Stirn!«
So war es denn abgemacht. Ja, aber dem Stan kam der hilfreiche Gedanke immer zur rechten Zeit. Als er sah, daß der Drache und seine Mutter das Licht gelöscht, nahm er den Schweinetrog und legte ihn mit dem Boden nach oben an seiner Statt ins Bett und deckte ihn schön mit seinem zottigen Bauernrock zu. Er selbst aber legte sich unters Bett und begann sogleich zu schnarchen wie einer, der in tiefem Schlummer liegt. Der Drache kam leise zu ihm hinaus, näherte sich dem Bett, hob die Keule und schlug einmal dorthin, wo das Kopfende war. Der Trog schallte hohl, Stan ächzte unter dem Bett, und der Drache zog sich befriedigt in seine Stube zurück. Darauf kroch Stan unter dem Bett hervor, säuberte es und legte sich hinein. Er war aber weise genug, diese Nacht keine Auge zuzutun.
Am anderen Morgen blieben der Drache und die Drachin

erstarrt stehen, als Stan heil wie ein Vogelei vor ihnen erschien. »Guten Morgen!« rief er fröhlich.
»Guten Morgen! Aber sag, wie hast du denn heute nacht geschlafen?«
»Gut!« antwortete Stan vergnügt, »nur hab ich geträumt, daß mich ein Floh gerade mitten auf der Stirn zwickte, und mir ist's, als schmerze es mich noch.«
»Hör nur, Mutter«, verwunderte sich der Drache, »hör nur, er spricht von einem Floh, und ich hab ihn mit der schweren Keule gehauen!« Jetzt wurde es der Drachin auch zuviel. Mit solcher Art Menschen, das sah sie ein, machte man besser nicht viel Redens. So eilten sie sich, ihm die Säcke zu füllen, um ihn möglichst bald loszuwerden.
Jetzt aber fing der arme Stan an zu schwitzen. Als er sich neben den vollen Säcken sah, begann er wie Espenlaub zu zittern, weil er nicht imstande war, auch nur einen einzigen Sack von der Erde aufzuheben. So blieb er also stehen und blickte sie an. »Was stehst du so da?« fragte ihn der Drache.
»Ich stehe so«, erwiderte Stan bedächtig, »weil ich mir überlegt habe, daß ich lieber noch ein Jahr bei euch dienen will. Ich schäme mich nämlich, daß jemand sehen könnte, wie wenig ich von hier forttrage. Ich fürchte nämlich, daß sie dann untereinander sagen: ›Schaut euch den Stan Bolovan an! Der ist in einem Jahr so schwach geworden wie ein Drache!‹«
Jetzt kam die Reihe des Erschreckens an den Drachen und die Drachin. Vergebens aber boten sie dem Stan sieben, dann drei mal sieben und zu guter Letzt sogar sieben mal sieben Säcke an, wenn er sie nur verlassen wollte. »Wißt ihr was«, sprach Stan endlich, »da ich sehe, daß ihr mich nicht behalten wollt, will ich euch keinen Zwang antun. Es sei nach eurem Sinn, ich gehe. Aber damit ich mich vor den Leuten nicht zu schämen brauche, bring du mir diesen Schatz bis nach Hause.«

Er hatte kaum ausgesprochen, als der Drache sich die Säcke auch schon in Windeseile auflud. Sie machten sich auf den Weg. Es war kein langer Weg, doch viel zu lang für den, der nach Hause will. Als Stan sich dicht an seiner Heimat sah und schon die Rufe seiner Kinder hörte, begann er langsamer zu gehen. Er wollte den Drachen nicht zu nahe an sein Haus kommen lassen, denn er fürchtete, jener würde ihm den Schatz eines Tages rauben wollen, wenn er wüßte, wo er wohnte. Es genierte ihn nur, daß er all sein Geld dann ein Stück allein tragen müßte.

»Ich weiß wirklich nicht, was ich machen soll«, sprach er ratlos und wandte sich zu dem Drachen. »Ich habe hundert Kinder und sorge mich, daß es dir schlecht bei ihnen ergehen könnte, weil sie recht kampflustig sind. Aber benimm dich nur verständig, dann will ich dich nach Kräften schützen!«

Hundert Kinder, wahrlich, das ist kein Spaß! Der Drache – Drachenkind aus Drachenbrut – ließ die Säcke aus Angst fallen, doch hob er sie aus Angst sogleich wieder auf. Aber erst, als die beiden in den Hof traten, ging es richtig los: Kaum hatten die hungrigen Kinder ihren Vater erblickt, stürzten sie zu ihm hin, jedes mit einem Messer in der rechten und einer Gabel in der linken Hand. Sie begannen allesamt, ihre Messer an den Gabeln zu wetzen, und schrien aus vollem Halse: »Wir wollen Drachenfleisch!« Und über so etwas erschrickt selbst der Teufel. Der Drache warf die Säcke nieder und ergriff die Flucht. Er war so verängstigt, daß er seither nie mehr gewagt hat, in die Welt zurückzukehren.

[Märchen aus Rumänien]

Der Wundergarten

Einst lebten zwei Freunde, die hießen Asan und Hasen und waren sehr arm. Asan bestellte ein winziges Feld, und Hasen weidete eine kleine Herde Schafe, und so fristeten sie ihr kümmerliches Leben. Beiden Freunden war die Frau gestorben, aber Asan hatte eine schöne, zärtliche Tochter, seine einzige Freude, und Hasen einen gehorsamen kräftigen Sohn, seine ganze Hoffnung.

Im Frühling, als sich Asan für die Feldarbeit rüstete, suchte seinen Freund Hasen ein schweres Unglück heim. Der Winter kehrte noch einmal mit Kälte und Schnee zurück und überzog alles Gras mit einer Kruste aus Eis, und so verendete Hasens Herde bis zum letzten Stück. Da war Hasen verzweifelt. Er verlor jede Hoffnung und weinte, und sein Sohn mußte ihn stützen, als er zu Asan hinüberging. »Ich bin gekommen«, sprach er, »weil ich mich von dir verabschieden will. Meine Schafe sind umgekommen, und ohne sie bleibt auch mir nur der Tod.«

Als Asan dies hörte, kamen auch ihm die Tränen. Er umarmte Hasen und sprach: »Lieber Freund, die Hälfte meines Herzens gehört dir. Deshalb weise mich nicht ab und nimm auch die Hälfte meines Feldes als deinen Besitz. Vergiß deine Sorgen und greif zum Spaten, sing ein Lied und geh an die Arbeit!« So bestellte Hasen von diesem Tag an das halbe Feld seines Freundes, und die Monate und Jahre vergingen.

Einmal, als Hasen gerade wieder dabei war, die Erde umzugraben, hörte er unter dem Spaten plötzlich ein seltsames Klirren. Schnell grub er an dieser Stelle weiter und

entdeckte einen mit Goldmünzen gefüllten alten Kessel. Außer sich vor Freude lief Hasen mit seinem Fund zu der Lehmhütte, in der Asan lebte. »Freu dich, freu dich, Asan«, rief er schon von weitem, »dir ist ein großes Glück zuteil geworden! Ich habe aus deinem Boden einen Kessel voll Gold ausgegraben! Jetzt bist du ein reicher Mann!«
Asan lachte und sagte: »Aber das Gold gehört nicht mir, sondern dir, denn du hast das Gold doch auf deinem Stück Land gefunden!«
»Nein, nein«, widersprach Hasen, »ich weiß, du bist großzügig und hast mir das Feld geschenkt, aber doch nicht auch das, was in der Erde versteckt ist.«
»Lieber Freund«, antwortete Asan, »alles, was sich in der Erde verbirgt, gehört dem, der sie im Schweiße seines Angesichts bearbeitet.«
So redeten sie hin und her und konnten sich nicht einigen. Endlich sagte Hasen: »Schluß jetzt! Du hast einen erwachsenen Sohn, ich habe eine heiratsfähige Tochter, und die beiden lieben sich seit langem. Verheiraten wir sie miteinander und schenken ihnen das Gold, so werden sie keine Not leiden müssen.«
Als die beiden Kinder erfuhren, was ihre Väter beschlossen hatten, waren sie überglücklich und feierten noch am selben Tag Hochzeit. Sie richteten sich in Hasens Lehmhütte ein, und Hasen zog zu Asan. Gleich am nächsten Morgen aber, die Sonne war eben erst aufgegangen, kamen die Neuvermählten mit dem Gold zu ihren Vätern und standen mit sorgenvoller Miene vor ihnen. »Was ist geschehen, Kinder?« riefen Asan und Hasen erschrocken. »Was für ein Unglück hat euch so früh hergeführt?«
»Wir sind hier, um euch zu sagen, daß es uns nicht zusteht, über dieses Gold zu verfügen und daß wir auch ohne es reich genug sind. Unsere Liebe ist wertvoller als alle Schätze der Welt.« Und sie stellten den Kessel in die Mitte der Hütte auf den Boden und gingen. Da entbrannte der

Streit, wem der Schatz gehöre, aufs neue zwischen den beiden Freunden, und sie beschlossen, einen berühmten Weisen aufzusuchen, welcher weit draußen in der Steppe lebte.

Nachdem sie viele Tage gewandert waren, kamen sie endlich zu seinem Zelt, einer ärmlichen schwarzen Kibitka, welche auf einem einsamen Platz mitten in der Einöde stand. Sie traten ein. Der Weise saß auf einem kleinen, zerschlissenen Filzteppich, und neben ihm saßen seine vier Schüler, zwei auf jeder Seite. Die beiden Ankömmlinge verneigten sich tief vor dem Weisen, und er fragte: »Was für ein Ungemach führt euch zu mir, liebe Freunde?« Da erzählten sie ihm von ihrem Streit, und er hörte ihnen ruhig zu. Nachdem er lange geschwiegen hatte, wandte er sich an seinen ältesten Schüler und fragte: »Wie würdest du an meiner Stelle entscheiden?«

»Ich würde befehlen, daß alles Gold zum Khan gebracht werden sollte«, antwortete der älteste Schüler, »denn der Khan ist Herr über alle Schätze der Erde.« Der Weise runzelte die Stirn und fragte den zweiten Schüler: »Und du, wie würdest du an meiner Stelle entscheiden?«

»Ich«, entgegnete der zweite Schüler, »würde das Gold behalten, denn das, worauf Streitende verzichten, gehört laut Gesetz dem Richter.« Der Weise machte ein finsteres Gesicht, fragte aber den dritten Schüler dann ebenso ruhig wie zuvor: »Und wie würdest du dich verhalten?«

»Da das Gold keinem gehört und keiner es haben will, würde ich es wieder vergraben«, erwiderte der dritte. Darauf verdüsterte sich die Miene des Weisen noch mehr, doch fragte er zu guter Letzt auch den vierten Schüler, welcher der jüngste war: »Und was ist deine Meinung, mein Kind?«

»Ach, mein Lehrer«, erwiderte der jüngste, »verzeih mir meine Offenheit! Ich würde das Gold dazu verwenden, in der dürren Steppe einen großen, schattigen Obstgarten zu

pflanzen. Und alle, die müde und hungrig sind, würde ich einladen, sich darin auszuruhen und sich an den süßen Früchten sattzuessen.«
Der Weise erhob sich, umarmte den Schüler und sprach: »Wie recht haben doch jene, welche sagen: ›Halte den jüngeren für älter als dich selbst, wenn er klug ist.‹ Dein Urteilsspruch, mein lieber Sohn, ist gerecht. Nimm deshalb das Gold und geh damit in die Hauptstadt! Kaufe dort den besten Samen und pflanze auf deinem Heimweg in der Steppe einen Garten, wie du ihn beschrieben hast; so wird die Erinnerung an dich und an die edlen Menschen, welche das Gold brachten, ewig leben.«
Der Jüngling füllte das Gold in einen Sack, warf ihn sich über die Schulter und machte sich auf den Weg. Lange wanderte er durch die weite Steppe, bis er schließlich glücklich die Hauptstadt des Khanates erreichte. Er ging auf den Basar und drängte sich durch die lärmende Menschenmenge. Er betrachtete staunend die seltsamen Waren und die bunten Stoffe und hielt Ausschau nach Händlern, die guten Fruchtsamen feilboten. Plötzlich ertönten in seinem Rücken der Ton einer Glocke und lautes Geschrei. Er wandte sich um und sah eine endlose Karawane näherkommen, doch anstatt mit Säcken waren die Kamele mit lebendigen Vögeln beladen, mit Tausenden von Vögeln, die man in Bergen und Wäldern, in Wüsten und Steppen gefangen und an den Beinen zusammengebunden hatte. Ermattet schlugen sie mit ihren zerzausten Flügeln, so daß Wolken vielfarbiger Federn in der Luft schwebten. Bei jedem Schritt der Karawane schlugen ihre Köpfe hart gegen die Flanken der Lasttiere, und angstvolle, jämmerliche Laute drangen aus ihren geöffneten Schnäbeln. Der Jüngling konnte dieses Schauspiel nicht ertragen. Sein Herz krampfte sich zusammen, und so drängte er sich durch die dichte Menge der neugierigen Zuschauer, bis er vor dem Anführer der Karawane stand. Er verbeugte sich höflich

vor ihm und fragte: »Wer, Herr, hat diese wunderschönen Vögel zu solch furchtbaren Qualen verurteilt? Und wohin bringt ihr sie?«

»Wir sind auf dem Weg zum Palast des Khans; die Vögel sind für die Tafel des Khans bestimmt. Fünfhundert Tscherwonzen zahlt er uns dafür.«

»Wirst du sie freilassen, Herr, wenn ich dir zweimal soviel Gold gebe?« fragte der Jüngling. Der Karawanenführer musterte ihn verächtlich und setzte seinen Weg fort. Da warf der Jüngling seinen Ledersack von der Schulter und schüttete ihn vor den Augen des überraschten Mannes aus. Der wollte seinen Augen nicht trauen, als er sah, welcher Reichtum auf einmal zu seinen Füßen lag, und befahl seinen Begleitern sogleich, die Vögel loszubinden. Wie eine Sturmwolke flogen die befreiten Vögel zum Himmel auf, und es waren so viele, daß sich der helle Tag im Nu in finstere Nacht verwandelte. Lange schaute der Jüngling den Vögeln nach, die sich eilig entfernten, und als er sie aus den Augen verloren hatte, hob er den leeren Ledersack auf und machte sich auf den Rückweg. Sein Herz war voll Freude, und sein Schritt war leicht, und er sang ein fröhliches Lied.

Je näher er aber seinem Heimatort kam, um so trauriger wurde ihm zumute, und es überkam ihn bittere Reue. »Wer hat mir das Recht gegeben, mit fremdem Eigentum nach eigener Lust und Laune umzugehen? Habe ich nicht selbst angeboten, einen schönen Garten für die Armen und Elenden zu pflanzen? Was sage ich nun meinem Lehrer und den gutherzigen Menschen, von denen ich das Gold erhalten habe?«, so jammerte er vor sich hin, bis ihn die Verzweiflung übermannte. Er warf sich auf die Erde und weinte bitterlich; er wünschte seinen Tod herbei und schlief endlich erschöpft ein. Wie er aber schlief, hatte er einen seltsamen Traum: Ein bunter Vogel kam geflogen, setzte sich ihm auf die Brust und sang mit silberheller Stimme:

»Mitleidiger Jüngling, verliere nicht den Mut!
Was du getan hast, glaube mir, war gut!
Die Vögel, die nun frei sind, wissen,
daß sie dir für ihr Leben danken müssen.
Wach auf! Du mußt dich nicht mehr grämen,
denn was du sehn wirst, trocknet deine Tränen.«

Als der kleine Vogel sein Lied zu Ende gesungen hatte, breitete er die Flügel aus und flog davon.
Der Jüngling schlug die Augen auf und war starr vor Staunen: Die ganze weite Steppe war mit Vögeln übersät, welche sich sonderbar betrugen. Sie scharrten den Boden auf, warfen mit ihren Schnäbeln Samenkerne hinein und strichen mit ihren Flügeln Erde darüber. Der Jüngling sprang auf, die Vögel stoben in einer Wolke zum Himmel empor, und wieder verwandelte sich der helle Tag in finstere Nacht. Es dauerte nicht lange, da geschah ein noch größeres Wunder. Aus allen Samen, welche die Vögel verscharrt hatten, sprossen zarte Pflänzchen, wurden größer und größer und wuchsen zu kräftigen Bäumen mit prächtigem, glänzend grünem Laub auf. Bald standen die Bäume in voller Blüte, und ein süßer Duft erfüllte die Luft. Dann vergingen die Blüten, und die Äste neigten sich unter der Last herrlicher goldgelber Äpfel. Unübersehbar und unzählbar war die Menge der Bäume. Ihre glatte Rinde schimmerte wie Bernstein, und zwischen ihren schlanken Stämmen leuchtete das Grün fruchtbarer Weingärten; man sah Beerensträucher und Marillenbäumchen und sonnige Wiesen mit saftigem Gras und feuerroten Tulpen. Die schattigen Wege waren mit Blütenblättern bedeckt, in den künstlich angelegten Gräben, den Aryks, rieselte kühles Wasser über bunte Edelsteine, und überall schwirrten Vögel und sangen ebenso schön wie der, welcher dem Jüngling im Traum erschienen war.

Ob er wohl noch immer träumte? Er rief laut einige Worte, um sich zu vergewissern, daß er wach war, und hörte die eigene Stimme so klar und deutlich wie das vielstimmige Echo; nein, der Garten war kein Trugbild. Er verschwand nicht.

So schnell er konnte, eilte der Jüngling zur Kibitka des Weisen und erzählte dort, was er seit seinem Fortgehen erlebt hatte. Der Weise und seine drei Schüler, Asan und Hasen und das junge Ehepaar, sie alle hörten ihm staunend zu und machten sich gleich auf den Weg, um den herrlichen Garten zu sehen.

Die Nachricht von dem Wundergarten verbreitete sich schnell in der ganzen Steppe, und so waren die Reiter des Khans auf ihren feurigen Pferden als erste dort. Als sie aber in den Garten eindringen wollten, wuchs plötzlich eine hohe Mauer mit sieben fest verschlossenen Toren aus dem Boden. Da richteten sie sich in ihren geschnitzten Sätteln auf und streckten die Hände nach den goldenen Früchten aus. Sobald aber einer die herrlichen Äpfel berührte, sank er tot zu Boden, und als die übrigen dies sahen, packte sie Angst und Schrecken, und sie jagten in wilder Flucht davon.

Bald darauf erreichten der Weise und seine Schüler und Asan und Hasen und ihre Kinder den Garten, und mit ihnen kamen Arme von überall her. Da sprangen die eisernen Schlösser auf, die Tore öffneten sich sperrangelweit und ließen sie ein. Männer und Frauen, alte und junge, und Kinder strömten in den Garten. Sie gingen auf weichen Blütenteppichen dahin, und die Blüten welkten nicht. Sie tranken klares Wasser aus den Aryks, und das Wasser blieb klar und rein. Sie pflückten Früchte von den Bäumen, und die Früchte wuchsen gleich wieder nach. Den ganzen Tag über tönten im Garten die Klänge der Dombra und lustige Lieder und fröhliches Lachen. Und wenn es Abend wurde und Dämmerung die Erde einhüllte, strahlte ein sanftes blaues Licht von den Früchten aus, und die Vögel sangen leise. Dann legten sich alle unter den Bäumen im duftenden Gras zur Ruhe und schliefen zufrieden und glücklich ein.

[Märchen aus Kasachstan]

Die weißen Vögel vom Arpsee

Es war einmal ein armer Geißbub, der trieb alle Tage seine Ziegenherde zum Arpsee hinauf. Als er einst zur Mittagszeit sein schwarzes Hirtenränzlein öffnete, um Mahlzeit zu halten, flogen auf einmal drei weiße Vögel heran und ließen sich auf dem See nieder. Solch große Vögel hatte er noch nie gesehen. Ihr Federkleid war schneeweiß, ihre Hälse waren lang und schlank und ihre Schnäbel glänzend gelb. Sie schwammen eilig auf ihn zu und schienen sich nicht vor ihm zu fürchten. Die prächtigen Vögel gefielen dem Geißbuben sehr, und gern hätte er einen von ihnen gehabt. Da las er Steine auf und wollte den einen oder anderen totwerfen. Er traf aber nicht. Die Vögel ließen sich durch sein böses Vorhaben nicht erschrecken und schwammen immer näher an das Ufer heran. Da trat er ans Wasser, ergriff den Vogel, der ihm zunächst war, am Halse und zog ihn ans Land. Aber im Nu ließ er ihn wieder los, und der Schrecken fuhr ihm durch alle Glieder wie noch nie in seinem Leben, denn der Vogel fing an zu reden: »Warum fassest du mich so grob an? Ich bin nur der geringste von uns dreien. Doch wisse, daß wir in Wahrheit keine Vögel, sondern verwunschene Jungfrauen sind. Der schöne Schwan mit dem goldenen Schnabel ist eine Königstochter aus dem Land der Radamanten, und wir zwei anderen sind ihre Kammerzofen. Alle drei sind wir von einem Hexenmeister verwandelt worden, weil die Prinzessin ihn nicht heiraten wollte. Jetzt müssen wir so lange Vögel bleiben, bis wir drei Kräuter erhalten, die nur in diesen Bergen gedeihen. Wenn du uns diese Kräuter beschaffen kannst, so werden wir wiederkommen und bald erlöst sein.«

»Nennt mir die drei Pflänzlein«, sagte der Geißbub, »ich will sie euch suchen.«

»Natterkraut, Baldrian und Nachtschatten müssen es sein.«

»Die kenne ich nicht«, sagte der Geißbub, »doch meine Mutter ist kräuterkundig und kennt sie sicher.«

»So geh und komme bald wieder!« sprach der weiße Vogel und schwamm zu seinen Gefährten zurück. Dann flogen sie alle drei auf und verschwanden hinter dem Berg. Als die Sonne sank, trieb der Geißbub seine Herde heim und erzählte der Mutter, was ihm heute auf der Weide begegnet sei. »Nun, wenn weiter nichts fehlt«, sagte die Mutter, »so ist den Jungfrauen bald geholfen. Ich kenne die Pflänzlein gar wohl; sie wachsen hier in der Nähe.« Und noch an demselben Abend sammelte sie die Kräuter und legte sie dem Buben zu seinem Mittagsbrot ins schwarze Ränzlein.

Am anderen Morgen zog der Bub mit den Ziegen wieder hinauf zum See. Da kamen auch schon die drei weißen Vögel geflogen, ließen sich auf dem kühlen blauen Wasser nieder und schwammen eilig auf ihn zu. Der Bub zog die drei Kräutlein hervor und legte jedem eines davon in den Schnabel. Da hub der eine Vogel wieder zu reden an und sprach: »Hab Dank, lieber Bub, für den großen Dienst, den du uns erwiesen! Jetzt können wir zurück ins Land der Radamanten fliegen und dort mit Hilfe der drei Kräutlein erlöst werden. Der böse Zauberer aber muß sterben. Wenn du willst, so nehmen wir dich mit. Du brauchst nur zwei von uns an den Flügeln zu ergreifen, dann geht es durch die Lüfte, und noch ehe die Sonne sinkt, sind wir am Ziel.«

Da sagte der Bub: »Ich danke euch schön, ihr Vögel, aber ich will nicht fort. Ich bleib lieber ein Geißhirt im

Walliserland, als daß ich mit euch zu den Radamanten fliege.«
Da flogen die Vögel auf und verschwanden hinter den Bergen.

[Märchen aus der Schweiz]

Hans im Glück

Die Geschichte ist sicher schon zweihundert Jahre alt, denn schon meine Großmutter hat sie immer in der Spinnstube erzählt. Heutzutage gibt's ja auch keine so Dummen mehr; die Jungen sind alle gescheiter als die Alten.

Da war ein Knecht, der hieß Hans und diente sieben Jahre lang auf einem großen Hofgut oder in einem Schloß, denn der Herr muß sehr reich gewesen sein. Also sagen wir einmal, er hat bei dem Grafen von Bitsch gedient.
Am Steffestag – das war früher der Bündelstag für die Knechte –, da sagte Hans zu seinem Herrn: »Herr Graf, ich habe jetzt sieben Jahre bei Euch gedient. Ich möchte nun wieder einmal heim zu meiner Mutter. Sie ist Wittfrau und könnte mich gut gebrauchen in Acker und Feld, denn sie wird immer älter.«
»Gut«, sagte der Graf. »Hans, du hast mir treu und ehrlich gedient und hast mich aus mancherlei Lebensgefahr errettet. Ich gebe dir dafür einen Klumpen Gold so dick wie dein Kopf.« Man sollt's nicht meinen, daß einer einen so dicken Klumpen Gold hat! Aber es gibt so reiche Leute – und dazu noch solche, die freigebig sind!
Der Hans nahm sein Nastuch und knüpfte das Gold hinein. Dann machte er sich auf den Heimweg. Es lag tiefer Schnee, das Gehen war beschwerlich, und der Klumpen Gold drückte den Hans auf den Schultern. Er setzte aber alsfort ein Bein vor das andere, ging seiner Wege und dachte, wie sich seine Mutter freuen würde, daß sie jetzt so reiche Leute sind.

Da kam die Hauptstraße ein Reiter dahergeritten. Als der Hans den sah, sagte er für sich: »Der hat's gut! Der sitzt da wie auf einem Fauteuil; der bekommt keine nassen Füße vom Schnee und braucht sich nicht totzuschleppen wie ich an dem Goldklumpen, der mich bald in den Boden hineindrückt. Ein Glück, daß der Schnee so fest gefroren ist, sonst wäre ich schon lange eingesunken.«

»Ei, Hans«, sagte da der Reitersmann, der die Ohren gespitzt hatte, als der Bursche von dem Goldklumpen sprach, »ei, Hans, was läufst du denn zu Fuß, wenn du doch reiten könntest?«

»Ich, reiten?« sagte der Hans. »Laßt mich aufsitzen! Ich halt mich gern am Schwanz fest, denn der Klumpen drückt mir den Kopf ganz schief. Ich halt's fast nicht mehr aus.«

»Oh«, sagte der Reitersmann, »das möcht ich dir nicht grad raten, dich am Schwanz von dem Fuchs festzuhalten. Man weiß nicht, wie er seine Mucken bekommt und ausblitzt. Komm, gib mir den Klumpen! Ich trag ihn schon, und ich geb dir den Fuchs dafür mitsamt dem Sattelzeug.«

»Ei«, sagte der Hans, »was Besseres könnte mir nicht passieren. Da habt Ihr den Klumpen. Aber ich sag's Euch, er ist schwer, und bei dem Schnee und dem Glatteis ist nicht gut gehen.«

Der Reiter schmunzelte in den Bart, stieg ab, half dem Hans hinauf, und wie der im Davonreiten war, rief er ihm nach: »Wenn's schneller gehn soll, dann mußt du mit der Zunge schnalzen und ›hopp, hopp, hopp‹ rufen!«

Der Hans ritt eine Weile gemächlich den Weg entlang. Da fing es an, ihn zu frieren; es wurde auch schon düster, und er dachte: »Es könnte doch ein wenig schneller gehen.« Er fing an zu schnalzen und »hopp, hopp« zu rufen. Der Fuchs blitzte auf und setzte sich in Trab. Und als sie gerade an die Viehtränke kamen, blitzte der Fuchs wieder auf und warf meinen Hans hinunter, mitten in den Kuhdreck hin-

ein. Da kam gerade ein Bauer mit seiner Kuh zum Tränken, der hielt den Fuchs grad noch fest und sagte zu dem Hans: »Dein Fuchs steht zu gut im Hafer; der ist übermütig, paß acht, das kann noch deine Knochen kosten!«
»Ja«, sagte der Hans, »Ihr habt's besser mit Eurer Kuh! Die geht so schön gemächlich daher, und wenn man Durst hat, kann man sie melken und hat seinen Käse und Rahm und die Butter obendrein. Was aber hat man von so einem alten Schindluder, wie dieser Fuchs eines ist! Ach hätt ich doch Eure Kuh anstatt das Pferd!«
»Oh«, sagte der Bauer, »wenn's weiter nichts ist, so wollen wir tauschen. Den Gefallen tue ich dir gerne.« Der Bauer trieb den Fuchs in den Stall und gab dem Hans noch einen Strang, an den er die Kuh binden konnte. Sie gaben sich die Hand und nahmen Abschied.
Der Hans ging hinter seiner Kuh her und dachte: »Ich hab noch Brot im Sack und ein Stück Speck. Ich könnte mir jetzt einmal meine Kuh melken, wenn's auch kalt ist.« Er band sie an einen dürren Baum und zog und zog an den Strichen, aber die Kuh gab keinen Tropfen, so sehr er sich auch bemühte. Ja, sie hatte es auf einmal genug und gab ihm einen Schlag mit dem Hinterfuß, daß er in den Weggraben fiel.
Da kam gerade ein Metzger daher und hatte ein Schwein. Es war schon ziemlich dunkel, und der Hans überlegte sich, wo er in der Nacht die Kuh unterstellen könnte. Da sagte der Metzger: »Wo kommt Ihr denn so spät noch her mit der Kuh?«
Und der Hans erzählte ihm, welch glücklichen Tausch er gemacht hatte, wie froh er wäre und wie es ihm jetzt mit der dämlichen Kuh da gegangen sei, als er einmal ein paar Tropfen Milch melken wollte. »Was soll ich denn jetzt machen mit der Kuh, wenn sie keine Milch gibt? Hätte ich so ein Schwein! Das gäbe doch einen saftigen Braten und gute Schinken und schöne Speckseiten!«

»Wenn's das ist«, sagte der Metzger, »da habt Ihr mein Schwein und gebt mir die Kuh!«
»Gott vergelt's Euch!« sagte der Hans und half dem Metzger das Schwein losbinden, denn der hatte ganz verfrorene Hände. Der Hans nahm sein Schwein und ging zum Dorf hinaus und trieb das Schwein vor sich her. Am letzten Haus kam ein Bursche von so achtzehn Jahren auf den Weg, der hatte eine schöne weiße Gans unter dem Arm, und sie gingen ihren Weg zusammen weiter. Das Schwein lief im Zickzack, und der Hans hatte seine liebe Not, es auf der Straße zu halten. Da fluchte er und sagte: »Hätte ich's nur so gut wie du! Du kannst deine Gans unter dem Arm tragen, und ich muß als hin und her laufen mit der Sau da!« Dann erzählte er, wie er von einem Tausch zu dem andern gekommen war und wie er doch jedesmal Glück hatte.
»Dieses Mal«, sagte der Bursche, »dürft's Euch aber schlimm gehen mit dem Tausch.«
»Wieso?« sagte der Hans und wurde bleich vor Schreck.
»Ja«, sagte der Bursche, »unserm Maier wurde heute gegen Abend eine Sau gestohlen, und wenn mich meine Augen nicht täuschen, dann ist's diese da! Paßt ja acht, denn wenn Euch die Gendarmen über den Weg kommen, dann könnt Ihr Fersengeld zahlen, oder Ihr könnt Euch heute nacht im Gefängnis verlustieren. Da braucht Ihr kein Geld zu zahlen fürs Quartier, und Brot und Wasser habt Ihr auch umsonst.«
Da rutschte dem Hans das Herz in die Hosen, und er sagte: »Denkt, meine alte Mutter wartet auf mich! Sieben Jahre hat sie mich nicht mehr gesehen! Was wäre das ein Jammer für sie, wenn ich nicht heimkäme und sie müßte erfahren, daß ich als Spitzbub im Gefängnis sitze! Helft mir aus der Verlegenheit. Ich gebe Euch das Schwein, und Ihr gebt mir die Gans.«
Da sagte der Bursche: »Ich will nicht schuld sein am Unglück eines anderen. Morgen bin ich Pate bei meiner

Schwester ihrem Ältesten. Da gibt's einen Kindschmaus wie noch nie in der Gegend. Da ist es dann einerlei, ob wir ein Schwein oder eine gut genudelte Gans auf den Tisch bringen. Die Hauptsache, das Schwein wird heute abend noch abgeschlachtet; da kann der Maier sehen, wo es geblieben ist! Hier habt Ihr die Gans!«
Der Hans atmete auf, und der Bursche schlug sich mit der Sau auf einem Nebenweg schnell in die Büsche.
Jetzt war's dunkle Nacht geworden und kalt, und der Hans wußte nicht, wohin mit seiner Gans. Zu essen hatte er auch nichts mehr, und in der Tasche klimperten nur noch ein paar Sous. Um sich zu trösten, dachte er darüber nach, wie er seiner Mutter die Gans anpreisen wollte: ein schöner Braten, gutes Fett, das auf einem Stück Kornbrot nicht zu verachten sei, und dann noch die schönen weißen Federn! »Da wird die Mutter eine Freude haben!« dachte er und war schon im letzten Dorf. Da konnte er nicht mehr weiter, so knurrte ihm der Magen, und er war ganz schwach auf den Beinen.
Im letzten Haus des Dorfes wohnte der Scherennickel, der zog vom ersten schönen Tag bis zum letzten im Bitscherland herum mit seinem Schleifstein und schliff alle Messer und Scheren. Jetzt ging's auf Neujahr zu, und da hatte er allerhand zu basteln und zu richten für die Jungen vom Dorf, die in der Neujahrsnacht Katzeköpp-Böller schießen wollten. Er saß bei seinem Öllämpchen und bastelte und fing dann noch an, die Scheren zu schleifen für die Nähtere vom Dorf. Der Hans schaute durch das Fenster hinein und hörte, wie der Scherenschleifer sang:

»Ich schleife die Schere und drehe geschwind
und hänge mein Mäntelchen nach dem Wind.«

Da dachte der Hans: »Das muß aber ein lustiges Handwerk sein! Wenn ich das doch auch nur könnte! Ich geh mal zu dem Nickel und frage, ob ich bei ihm nicht über-

nachten könnte. Mehr als mir die Türe weisen, kann er ja nicht.« Der Hans nahm's Herz in beide Hände, drückte die Klinke herunter und trat ein. Der Scherennickel schaute von der Arbeit auf und sagte: »Ei, Hans, was bringst du mir denn da für einen Neujahrsweck?«
»Das nicht grad«, sagte der Hans. »Ich wollt Euch fragen, ob ich bei Euch übernachten könnt? Ich könnt dann gerade das Scherenschleifen bei Euch lernen, denn das muß ein lustiges Handwerk sein.«
»Nicht zu verachten!« sagte Vetter Nickel und betrachtete dabei die schöne, fette Gans. »Wer sein Handwerk versteht, fährt nicht umsonst in den Hosensack. Er findet immer etwas drin, und wenn's auch nur ein Sou wäre. Komm, setz dich mit deiner Gans da an den Ofen. Du kannst auf der Milchkiste schlafen, da ist's gut warm, und die Gans setzen wir in den Verschlag hinter der Küche. Wo ist die dir denn über den Weg gelaufen?«
»Die ist mir nicht über den Weg gelaufen; die hab ich ehrlich eingehandelt gegen eine Sau.«
»Und die Sau?«
»Die hab ich eingehandelt gegen eine Kuh.«
»Und die Kuh?«
»Die hab ich eingehandelt gegen ein Pferd.«
»Und das Pferd?«
»Ei, das habe ich eingehandelt gegen einen Klumpen Gold.«
»Und das Gold?«
»Ei, das war mein Lohn für sieben Jahre Dienst beim Grafen von Bitsch.«
Da sagte der Scherennickel: »Wenn einer dumm geboren ist und hat nichts dazugelernt, dann bleibt er ein Esel ein Leben lang! Aber, Hans, du kannst es doch noch zu etwas bringen, wenn du mein Handwerk lernst.«
»Wie soll ich das?« sagte der Hans. »Ich habe ja keinen Schleifstein.«

»Oh«, sagte der Vetter Nickel, »das ist fürs erste auch nicht nötig. Ein Wetzstein tut's auch. Da hab ich noch einen! Und wenn du ihn mir auch nicht bar bezahlen kannst, ich nehm auch die Gans dafür, wenn du es zufrieden bist.« »Und ob!« sagte Hans. »Ich bin ja der glücklichste Mensch von der Welt!«
Sie legten sich hin zum Schlafen. Am anderen Morgen stand der Hans beizeiten auf, gab dem Scherenschleifer seine Gans, und der gab ihm seinen Wetzstein. Als Hans damit auf die Tür zuging, sagte er: »Wart, da liegt noch ein schöner Stein! Aus dem kannst du dir später den Schleifstein meißeln«, und er hob einen Stein im Hof auf, der ihm schon lange im Wege lag.
Hans ging seines Weges weiter. Der Stein drückte ihn noch mehr als der Goldklumpen, und als er Settingen schon von weitem sah, da dachte er: »Ich muß mich doch noch waschen, ehe ich heimgehe zu meiner Mutter.« Er legte den Stein neben sich an die Saar, und wie er sich hinunterbückte, stieß er daran, und der Stein rollte in die Saar. Da sprang er vor Freuden auf und lief nach Settingen zu bis vor das Haus seiner Mutter. Der erzählte er von seinem Glück, und sie sagte: »Ich hab's doch immer gewußt, daß du ein besonderes Glück haben mußt im Leben. Du bist nicht umsonst am Sonntag geboren und noch obendrein, als gerade die Glocken zur Vesper läuteten. Du bist ein Glückskind!«
Der Hans lebte mit seiner Mutter lange Jahre hindurch. Später heiratete er, und als er in das verständige Alter kam, da wählten ihn die Settinger zum Maier. Der Hans war ein gemachter Mann, und die Settinger hätten keinen bessern Streich liefern können als den. Und wenn der Hans noch nicht gestorben ist, dann ist er heute noch der Maier von Settingen.

[Märchen aus Lothringen]

Nachwort

≈≈≈≈

> »Den lieb' ich, der Unmögliches
> begehrt.«
> *Johann Wolfgang von Goethe*
>
> Ich bin einverstanden, daß unter dem Wort Glück sehr Verschiedenes zu verstehen ist, auch ich brauche das Wort nicht immer im gleichen Sinn. Eine kurze Definition möchte ich keinesfalls geben. Lassen wir das Wort offen, es soll seinen Sinn beziehen aus der jeweiligen Situation; eine Definition könnte nur vollkommen vage sein oder eben falsch, indem sie für eine bestimmte Situation doch gar nicht gilt.
> *Max Frisch*

Alle Menschen streben nach dem Glück; sie wollen glücklich werden und es bleiben. Was aber macht dieses Glück aus, auf das sich das Sinnen und Trachten aller richtet, über das Philosophen und Theologen Jahrhunderte hindurch nachgedacht haben und das in jüngster Zeit Psychologen und Sozialwissenschaftler mit empirischen Forschungsmethoden zu ergründen suchen? Schon in der Antike zählte ein gewisser Marcus Varro zweihundertachtundachtzig verschiedene Antworten auf seine Frage nach dem Glück, denn Glück ist so vielfältig wie die Menschen selbst.
Richten wir unser Augenmerk auf die Bedeutungsgeschichte des Wortes *Glück* und versuchen auf diese Weise eine Annäherung.

In der zweiten Hälfte des 12. Jahrhunderts taucht *Glück* als *gelücke* in der mittelhochdeutschen Überlieferung auf, zum Beispiel in der Alexanderdichtung des Pfaffen Lamprecht. Die etymologische Herkunft von *Glück* bleibt trotz vieler Erklärungsversuche strittig. Friedrich Kluge nennt unter anderem das angelsächsische *lūkan* = schließen, beschließen (vgl. *luck*) als einen möglichen Vorläufer.

Im Mittelalter ist *Glück* mehrdeutig und schillernd. Es bezeichnet sowohl eine transzendent waltende Fügung als auch, weniger gewichtig, den guten Ausgang einer Sache. Durch die mittelalterlichen Dichtungen der Vaganten (vgl. Carmina burana) wurde die römische Glücksgöttin *Fortuna mit dem Rad* populär, welche in späterer Zeit als Allegorie des Glücks fortlebte. *Glück* bezeichnete sowohl Glück wie auch Unglück, also die Wechselfälle des Lebens.

In der Renaissance setzt eine neue Betrachtungsweise ein. Sie entmystifiziert das Glück, indem sie im gelingenden oder nicht gelingenden Leben mehr und mehr auch den persönlichen Anteil des einzelnen erkennt, seine Tüchtigkeit oder sein Versagen.

Im heutigen Sprachgebrauch hat *Glück* seine ambivalente Bedeutung als »Wechselfälle des Lebens« verloren. Es bezeichnet nunmehr allein die günstige Fügung, das gute Geschick, den günstigen Zufall und den daraus erwachsenden Erfolg; es ist das »Glück, das einem zufällt«, und auch das »Glück, das man empfindet«, der Gemütszustand innerer Befriedigung und Hochstimmung, wie er sich besonders nach der Erfüllung sehnlicher Wünsche einstellt. In anderen Sprachen gibt es für diese beiden Spielarten des Glücks verschiedene Vokabeln, zum Beispiel *fortuna* und *beatitudo* im Lateinischen, *luck* und *happiness* im Englischen, *bonne chance* und *bonheur* im Französischen und *fortuna* und *felicidad* im Spanischen.

Alle Menschen streben nach dem Glück. Ein Glückskind der, bei dem es einkehrt, und der ein Glückspilz, dem es lacht! Das Glück liege auf der Straße, heißt es, und jeder sei seines Glückes Schmied: So ist es leicht zu finden oder, wenn auch mit Schweiß und Mühe, machbar und herstellbar? Das wohl doch nicht, denn es geht auch die Rede, daß es schwer zu fassen sei, ja, in den Sternen liege. Und wie oft hören wir, das Glück habe jemandem den Rücken gekehrt, er sei vom Pech verfolgt. Aus den letzten Redensarten spricht schmerzliche Erfahrung, nicht die eines einzelnen Menschen, sondern, zum Sprichwort verdichtet, die vieler Generationen; aus den Wendungen, die das Glück leicht erreichbar nennen, spricht der Wunsch, daß es so sein möge.

Glück ist ein zentraler Begriff des Märchens. Wie keine andere Dichtung thematisiert das Märchen – und insbesondere das Zaubermärchen – die Suche des Menschen nach dem Glück. Es erzählt vom Erreichen, vom beinahe Verfehlen und vom Verfehlen dieses Ziels, wobei das Glück und sein Gegenteil, das Unglück, miteinander verwoben sind: Was dem einen (der Hauptfigur) zum Glück gereicht, wird für den anderen (die Gegen- oder Nebenfigur) zum Unglück. Moral spielt keine Rolle, denn die Moral des Märchens ist das Glück. Das märchentypische glückliche Ende weist das Märchen als wahre »Glücksdichtung« aus und zeigt dessen utopische Qualität. Wir folgen den Wegen und Irrwegen des Helden in der schönen und beruhigenden Gewißheit, daß dessen Glücksstreben seine Erfüllung finden wird. Und aus dem beglückenden Schluß schöpfen wir Kraft und Mut für das eigene Leben: Es ist viel mehr möglich, als wir glauben.

Zu den Texten:
Die beiden ersten sind keine Märchen. Der eine ist ein Brief, der *Trostbrief Alexanders des Großen an seine Mutter*; der andere, *Das Hemd des Glücklichen*, ist eine Parabel. Kummer und Leid, so lautet ihre gemeinsame Aussage, gehören zum Leben des Menschen. Glück ist möglich, aber als Ausnahme. Es ist ein kostbares Geschenk und wird nur wenigen zuteil. Wer es besitzt, dem kann es genommen werden, aber veräußern läßt es sich nicht. Diese beiden Texte sind an den Anfang gestellt, damit vor ihrem Hintergrund das Märchenglück um so heller erstrahlt.
In den Märchen, die folgen, tritt das personifizierte Glück in verschiedener Gestalt auf, als Glücksfrau oder Glücksfee. Die beiden ersten Märchen dieser Gruppe, *Glück und Reichtum* und *Glück und Verstand,* thematisieren die Bedeutung, die es für das Schicksal des Menschen hat, in der Weise, daß sie es in einer Art Rahmenhandlung zu einem Wettstreit zwischen dem Glück und zwei anderen das menschliche Leben bestimmenden Mächten und Kräften kommen lassen. Sowohl das Geld (von dem es doch heißt, es regiere die Welt) als auch der Verstand verlieren die Machtprobe, zu der sie sich in eitler Selbstüberschätzung haben verleiten lassen, und das Glück bleibt lachender Sieger.
In dem sizilianischen Märchen *Zaubergerte, Goldesel und Knüppelchen, schlagt zu* bedeutet gleich die erste Gabe, die der arme arbeitslose Maurer von der Glücksfrau erhält, die Verwirklichung eines Traums, der für viele Menschen bis heute eine Utopie geblieben ist: sich satt essen zu können. Seinen populärsten Ausdruck hat diese Wunschphantasie im Bild des Schlaraffenlandes gefunden.
In *Der Arme und der Reiche* tritt die Not als Gegenspielerin des Glücks auf. Der Arme verläßt sein Haus – »Not macht Füße« – und findet sein Glück, nachdem er sich die Not durch eine List vom Hals geschafft hat: Das Märchen kennt kein ein für allemal verhängtes Schicksal, das sich

erfüllen muß; solches gilt eher für die Schicksalserzählung, und *Die Wunschfrauen* weist derartige Züge auf. Die drei Frauen, die an die Wiege des Kindes treten, erinnern an die Schicksalsfrauen der germanischen Mythologie, die Nornen, welche das Geschick des Menschen in seiner Geburtsstunde vorherbestimmen. Die erste und jüngste ist die eigentliche Glücksfee, aber sie ist nicht allmächtig. Sie schenkt die Glücksperle, aber die Perle wird nicht lebenslang Glück spenden, wie das Seufzen der beiden »dunklen« Frauen an der Wiege des Kindes ahnen läßt. Dem naiv erzählten märchenhaften ersten Teil folgt ein märchenuntypischer trauriger Schlußteil; am Ende steht die Einsicht in die Wandelbarkeit des Glücks. Solche Einsicht lehrt das Leben.
»Allerlei Glückskinder«, so könnte das Motto für die lange Reihe der folgenden Märchen bis hin zu *Gudbrand vom Berge* heißen. Zwar erfahren wir nicht, ob ihre Heldinnen und Helden wie der Junge in dem bekannten Grimmschen Märchen »Der Teufel mit den drei goldenen Haaren« (KHM Nr. 29) mit einer Glückshaut geboren wurden – mit einem Restchen von Embryonalhaut also, welches im Volksglauben für glückbringend gehalten wird und ein Kind erst zum »Glückskind« macht. Aber auch wenn von einer solchen »Glückshaube« nicht explizit die Rede ist: Märchenhelden sind gattungsgemäß Glückskinder. Wie die folgenden Märchen belegen, erreichen sie ihr Glück jedoch auf unterschiedliche Weise.
In dem *Märchen von den drei Junggesellen* sind es Wunschdinge, Geschenke dreier Feen, die das Glück bringen. Das Märchen greift den Stoff des bekannten mittelalterlichen Prosaromans »Fortunatus« auf und erzählt ihn als erotischen Schwank. Sein Inhalt ist mit dem eines italienischen Gedichts identisch, welches in der ersten Hälfte des 16. Jahrhunderts gedruckt wurde. Im Roman bringen die Zaubergaben ihren Besitzern nur Unglück. Das italienische Märchen diente Wilhelm Hauff als Vorlage für sei-

nen »Kleinen Muck«. *Das blaue Band* verleiht dem Sohn die Kraft, allen Nachstellungen der Mutter zu entgehen. Es führt ihn zu der Prinzessin, welche ihm hilft, als es ihm genommen wird, und durch ihre fürsorgliche Liebe kommt doch noch alles zum guten Ende. Die Vorstellung, das Glück sei an einen Gegenstand geknüpft, durch dessen Verlust der Mensch sein Glück verliert, ist sehr alt. Sie findet sich zum Beispiel bereits in einem Jâtaka, einer Geburtsgeschichte Buddhas, welche in der Zeit um Christi Geburt entstand. Darin schenkt der göttliche Vater seinem Sohn einen Wunschbecher, den jener jedoch zerbricht. »Darauf verließ ihn das Glück, und er starb im tiefsten Elend.« Ludwig Uhland gestaltet den gleichen Gedanken in seinem Gedicht »Das Glück von Edenhall«.

Die Begegnung mit verschiedenen übernatürlichen Helfern schlägt den Helden der folgenden Märchen zum Glück aus: In *Das Hirsekorn* scheint es Gott selbst zu sein, der dem armen Jungen in der Gestalt des freundlichen alten Mannes gegenübertritt; in *Das wunderbare Stöcklein* begegnet Hans einem grauen Männlein, das ihm den rechten Weg weist und ihn – wie einst Hermes den Odysseus auf seinem Weg zu Circe – mit Rat und Zaubergaben versieht; die wunderbaren Eigenschaften von *Spindel, Weberschiffchen und Nadel* weisen die fromme Patin erst nach deren Tod als übernatürliches Wesen aus; von gleicher Art sind die drei alten Spinnhelferinnen in *Die drei Großmütterchen*. Ebenso wie die Schicksalsfrauen sind sie germanischen Ursprungs, doch anders als jene erscheinen sie nicht bei der Geburt, sondern erst zu einem späteren Zeitpunkt, wenn Hilfe nötig wird. In *Die Prinzessin im Sarg* treten eine weibliche und eine männliche Helfergestalt auf. Das Eingreifen des Männchens ist nötig, um das durch Ungeduld zerstörte Glück, welches die weise Frau bewirkt hatte, wiederherzustellen und zu vollenden. Der faule Lars in *Die Wünsche* verdankt sein Glück der zufälligen

Begegnung mit einem Tier und einem günstigen Tauschhandel. Mit dem Wünschen tut Lars sich allerdings schwer, und so ist es ein Glück, daß er an die lebenspraktische Prinzessin gerät. Das Märchen hat schwankhafte Züge, und sein allerletzter Schluß läßt stutzen: Märchenkönige entstammen mehrheitlich den niederen Ständen und regieren unangefochten; niemand rümpft über ihre Abkunft die Nase, so daß er mit deren Verlängerung bestraft werden müßte. Ob hier ein Hauch Wirklichkeit des 19. Jahrhunderts in die Märchenwelt eingedrungen ist?
Die drei Brüder oder Kater, Hahn und Leiter: Eine Variante dieses Märchens erzählen die Brüder Grimm unter dem zutreffenden Titel »Die drei Glückskinder« (KHM 70), denn der ganze Besitz der Burschen sind alltägliche Dinge von geringem Wert, welche erst durch erstaunliche Zufälle und die Fähigkeit der drei, die Gelegenheit beim Schopfe zu packen, zu Glücksgütern werden.
Auch der beneidenswerte *Wurzelklauber* tut nichts weiter, als die Gunst der Stunde zu nutzen. Das Glück fällt ihm ebenso unverhofft und unverdient in den Schoß wie dem *Dummen Bauern* und dem faulen Burschen in *Die guten Tage*; Doña Fortuna, so erkennen wir, herrscht noch immer ohne Sinn und Verstand.
Das Glück des ebenfalls beneidenswerten *Gudbrand vom Berge* liegt darin, eine unendlich verständnisvolle Frau zu haben; Hans Christian Andersen erzählt die gleiche Geschichte unter dem Titel »Was Vater tut, ist immer recht«.

Glück und Unglück liegen nah beieinander. Oft entscheidet ein einziger Augenblick darüber, wie in *Die goldenen Glöckchen*, doch ist Glück – im Gegensatz zum Unglück – niemals Sache nur eines Augenblicks, sondern die Summe vieler glücklicher Momente; es ist nicht voraussetzungslos und hat eine Geschichte. So kann die Errettung Florines nur glücken, weil es vor dem letzten entscheidenden Augenblick, da der König ihre Hand aus dem Wasser auftauchen sieht, viele geglückte Augenblicke gegeben hat. Eine notwendige Vorbedingung für den glücklichen Ausgang dieses Märchens liegt zum Beispiel darin, daß der König das Verstummen der Glocken wahrnimmt, richtig deutet und sich in liebender Sorge auf den Weg macht. Das Märchen *Die beiden Fürstenkinder von Monteleone* kann glücklich ausgehen, weil dem aufmerksamen Blick des Mädchens nicht entgeht, wie bekümmert der treue Diener ist; sie erkundigt sich teilnahmsvoll nach dem Grund. Als sie ihn erfährt, handelt sie, und es glückt ihr, nicht Opfer zu werden (vgl. das kabylische Märchen »Gott allein weiß die Wahrheit« in: Orientalische Frauenmärchen, S. 87 ff.).

Das Unglück und *Die Kette*, diese beiden Texte könnten wunderbare Glücksgeschichten sein: Vielfacher Not entronnen der Arme in *Das Unglück*, lebensrettendes Wasser zum Greifen nah für die vier Männer in *Die Kette*, aber da macht ein schicksalhafter Augenblick alles bisherige Glück zunichte.

Wer taub und blind ist für die Signale des Glücks, läuft Gefahr, es zu verfehlen wie der ungeduldige *Mann, der auszog, sein Glück zu wecken*. Er erkennt den Kairos, den günstigen Augenblick, nicht und verpaßt sein Glück aus Dummheit und Überheblichkeit.

Torheit gepaart mit der Gier nach Besitz und Macht verhindern es, daß der Mensch sein Glück macht, wenn sich für ihn die Möglichkeit ergibt, nach Herzenslust wünschen zu dürfen. Der phrygische König Midas, zum Beispiel, dem Dionysos diese Gnade gewährt, erweist sich als unfähig, sie zu nutzen, denn er bittet darum, daß alles, was er berühre, zu Gold werde. Bald erkennt er, »der Arme, der Reiche«, wie töricht sein Wunsch war, und fleht den Gott an, ihn von dem »gleißenden Unheil« zu befreien (Ovid, Metamorphosen, 11. Buch). Unter den Predigtmär-

lein des Mittelalters wie unter Märchen und Schwänken aus neuerer Zeit finden sich Geschichten vom unüberlegten Wünschen in Fülle; sie wurden zu moralischer Belehrung und zur Unterhaltung erzählt, und *Die drei Wünsche* und *Die Vergeltung des Nachtquartiers* sind Beispiele dafür. Eine Steigerung und Zuspitzung erfährt die Thematik von der Wunscherfüllung in den Märchen *Das kleine Mädchen im Brunnen* und *Mann und Frau im Essigkrug*. Das Mädchen und Mann und Frau werden immer eitler und begehrlicher, je mehr Wünsche ihnen erfüllt werden, anstatt zufriedener. Oudelette verliert ihr Glück, weil sie undankbar ist; der Mann und die Frau fallen aus Glanz und Reichtum in ihre frühere Not zurück, weil sie jedes Maß verloren haben. Ein noch bekannteres Märchenbeispiel für derartige Hybris ist »De Fischer un sine Fru« von Philipp Otto Runge (KHM 19).
Das Glück, so wissen wir, hat viele Gesichter; es sieht für jeden anders aus –, auch für Märchenhelden? Betrachten wir zum Schluß verschiedene Märchen unter diesem Blickwinkel:
Von dem jungen Grafen, der sein Glück suchen ging, hören wir, daß er ein weithin berühmter Arzt geworden ist. Es geht ihm gut, besser als vielen anderen, und er könnte zufrieden sein. Aber sieht so das Glück aus? Nein, findet er, und als er von der verwunschenen Prinzessin hört, beschließt er, das Erreichte aufzugeben und den Versuch zu wagen, ein Königreich – und damit das »ganz große Glück« – zu erringen, sollte es auch sein Leben kosten.
Die schöne und kluge Constanza in *Die Prinzessin als Ritter* stammt aus edlem Geschlecht und ist sich ihres Standes wohl bewußt. Sie sieht ihr Lebensglück darin, Gemahlin eines Königs zu sein, und verläßt das elterliche Schloß, um nicht mit einem Mann niederer Herkunft verheiratet zu werden. Sie findet das ersehnte Glück in der Fremde »zum Lohn für ihre Treue«. Es ist eine zweifache Treue: die

Treue, die sie dem König als dessen Diener bezeigt hat, und die Treue zu sich selbst.

Das Glück des *Stan Bolovan* liegt darin, viele, viele Kinder zu haben, und was läßt er sich nicht alles einfallen, um sich dieses Glück zu erhalten!

Der große, schattige Garten, den sich der jüngste Schüler in dem kasachischen Märchen *Der Wundergarten* ausmalt, ist eine Glücksphantasie, in der sich Erfahrungen des kasachischen Volkes von Mangel und Not spiegeln. Die Kasachen sind ein ursprünglich nomadisch lebendes Turkvolk; ihre Heimat ist die nördliche Steppenregion Zentralasiens, ein im Gegensatz zum oasenreichen Süden armes und karges Gebiet. Als Viehzüchter waren sie von der Witterung abhängig, und das Unglück, welches die Märchenfigur Hasen heimsucht, war eine tatsächliche Bedrohung: Das Gefrieren von getautem Schnee heißt im Kasachischen *džut*, und seine Gefährlichkeit ist sprichwörtlich: »Den Helden vernichtet eine Kugel, den Reichen ein *džut*.« Der Wundergarten, von dem das Märchen erzählt, ist der Ort des höchsten Glücks, das Paradies. Dort gibt es Nahrung, die nicht zur Neige geht, und Bäche, deren Wasser nicht faulig wird (vgl. Koran 13,35 und 47,15). Niemand muß sich plagen, und es herrschen Eintracht und Freude.

Das Märchen spiegelt auch die kasachische Kultur: Die Dombra, welche im Wundergarten zu den fröhlichen Liedern erklingt, ist ein Saiteninstrument ähnlich der Balalaika. Sie spielt in der Musikkultur der Kasachen eine wichtige Rolle, als Liedbegleitung und zur Untermalung des Vortrags der *aqyns*, der wandernden Sänger und Erzähler. Das Lied ist eine Hauptform kasachischer Volkskunst; für alle Phasen und allgemein wiederkehrende Vorkommnisse im menschlichen Leben gibt es besondere Liedformen; so ist es kein zufälliges Märchendetail, daß Asan dem Freund nach dessen Unglück rät, mit einem Lied – zum Trost, zur Ermunterung – wieder an die Arbeit zu gehen.

Der Geißbub in *Die weißen Vögel vom Arpsee* will bleiben, wo er ist, und nichts anderes sein als das, was er ist; er hat keinen Wunsch nach Veränderung: ein glücklicher Mensch (vgl. Italo Calvino: »Das Hemd des zufriedenen Menschen«). Das Märchen vom sprichwörtlich gewordenen *Hans im Glück* beschließt den Band. Es ist eine Variante aus Lothringen. Der Erzähler hat die Geschichte in seine Heimat verlegt; er macht von Anfang an keinen Hehl daraus, daß er Hans für dumm hält, und läßt ihn zum Schluß Bürgermeister des Dorfes Settingen werden, welches als Schilda Lothringens gilt.
Am »Hans im Glück« scheiden sich die Geister: Einer (siehe oben) verspottet ihn als Narren, ein anderer (Max Lüthi) bewundert seine »Kunst, die Dinge leicht zu nehmen«, ein dritter sieht in ihm den Lebensuntüchtigen, für einen vierten ist er das Exempel glücklicher Armut... Wer nun auch immer recht haben mag, das Urteil darüber, ob Hans glücklich ist oder nicht, liegt allein bei Hans selbst. Wie jedes andere Glück (happiness, bonheur) läßt sich auch das seine nicht von außen messen und beurteilen. Wir mögen es ihm neiden oder nicht, wir mögen es verstehen oder nicht –, bestreiten können wir es ihm in keinem Fall. Lassen wir uns von ihm rühren.

Ich danke den Mitarbeitern der »Enzyklopädie des Märchens« in Göttingen für die freundliche Unterstützung meiner Arbeit. In ihrem Archiv fand ich andernorts nicht erhältliche Literatur und Hinweise auf verschiedene Märchen, die ich in diesen Band aufgenommen habe. Ebenso danke ich Paul Walch, Augsburg, für seine Kontrollübersetzung des Märchens *Der Wundergarten*.

Frankfurt am Main, *Hannelore Marzi*
im Juni 1995

Quellenhinweise

Trostbrief Alexanders des Großen an seine Mutter
 Der Alexanderroman mit einer Auswahl aus den verwandten Texten. Übersetzt von Friedrich Pfister. Beiträge zur Klassischen Philologie Heft 92. Meisenheim am Glan 1978.

Das Hemd des Glücklichen
 Emanuel bin Gorion (Hrsg.): Geschichten von der Heiterkeit. Frankfurt am Main 1984.

Glück und Reichtum
 Andalusisches Volksmärchen, mitgeteilt nach dem Spanischen des Fernan Caballero von M. Willkomm in Prag. In: Globus. Illustrierte Zeitschrift für Länder und Völkerkunde. Bd. 40. Braunschweig 1881.

Glück und Verstand
 Ulrich Jahn: Volksmärchen aus Pommern und Rügen. Erster Teil. Norden und Leipzig 1891.

Zaubergerte, Goldesel und Knüppelchen, schlagt zu
 Laura Gonzenbach: Sicilianische Märchen. Leipzig 1870.

Der Arme und der Reiche
 Nach Karl Haller: Volksmärchen aus Österreich. Wien o. J.

Die Wunschfrauen
 Märchenwelt des Preußenlandes. Hrsg. von Alfred Cammann. Bremer Beiträge zur niederdeutschen Volkskunde. Schloß Bleckede/Elbe 1973. Von der Herausgeberin leicht gekürzt.

Das Märchen von den drei Junggesellen, welche ausgingen, ihr Glück zu suchen
 Philipp Joseph Rehfues: Italienische Miscellen 2,1. Tübingen 1805. Von der Herausgeberin leicht bearbeitet.

Das blaue Band
 Nach Karl Müllenhoff: Sagen, Märchen und Lieder der Herzogthümer Schleswig-Holstein und Lauenburg. Kiel 1845.

Das Hirsekorn
 Josef Haltrich: Deutsche Volksmärchen aus dem Sachsenlande in Siebenbürgen. Wien ^{3}1882.

Das wunderbare Stöcklein
Ulrich Jahn: Schwänke und Schnurren aus Bauern Mund. Berlin 1890. Von der Herausgeberin bearbeitet und leicht gekürzt.
Spindel, Weberschiffchen und Nadel
Kinder- und Hausmärchen der Brüder Grimm. Große Ausgabe Bd. II. Göttingen [7]1857.
Die drei Großmütterchen
Gunnar Olof Hyltén Cavallius und George Stephens: Schwedische Volkssagen und Märchen. Deutsch von Carl Oberleitner. Wien 1848.
Die Prinzessin im Sarg
Dänische Volksmärchen. Nach bisher ungedruckten Quellen erzählt von Svend Grundtvig. Übersetzt von Willibald Leo. Leipzig 1878. Von der Herausgeberin gekürzt.
Die Wünsche
Dänische Volksmärchen. Nach bisher ungedruckten Quellen erzählt von Svend Grundtvig. Übersetzt von Willibald Leo. Leipzig 1878. Von der Herausgeberin gekürzt.
Die drei Brüder oder Kater, Hahn und Leiter
Bretonisches Märchen, erzählt von Marguerite Philippe, gesammelt von F.-M. Luzel. In: Mélusine. Tome 1. Paris 1878. Aus dem Französischen übersetzt von der Herausgeberin.
Der Wurzelklauber
Nach Franz Franzisci: Cultur-Studien über Volksleben, Sitten und Bräuche in Kärnten. Nebst einem Anhang: Märchen aus Kärnten. Hrsg. vom Grillparzer-Literatur-Verein in Wien. Wien 1879.
Der dumme Bauer
Karl Bartsch: Sagen, Märchen und Gebräuche aus Meklenburg. Erster Band: Märchen und Sagen. Wien 1879.
Die guten Tage
Friedrich Wilhelm Val. Schmidt: Märchensaal. Die Märchen des Straparola. Berlin 1817.
Gudbrand vom Berge
Norwegische Volksmärchen gesammelt von Peter Christian Asbjørnsen und Jørgen Moe. Deutsch von Friederich Bresemann. Berlin 1847.
Die goldenen Glöckchen
Emmanuel Cosquin: Contes populaires de Lorraine. Tome I. Paris 1886. Aus dem Französischen übersetzt von der Herausgeberin.
Die beiden Fürstenkinder von Monteleone
Laura Gonzenbach: Sicilianische Märchen. Leipzig 1870.

Das Unglück
  Kinder- und Hausmärchen der Brüder Grimm. Große Ausgabe Bd. II. Göttingen ⁵1843.
Die Kette
  José Féron: La Teryel et le Cheval rouge. Contes berbères. Paris 1986. Aus dem Französischen übersetzt von der Herausgeberin.
Von dem Mann, der auszog, sein Glück zu wecken
  D. L. R. Lorimer and E. O. Lorimer: Persian Tales. Written down for the first time in the original Kermāni and Bakhtiāri and translated by... London 1919. Aus dem Englischen übersetzt von der Herausgeberin.
Die drei Wünsche
  Hans Stumme: Maltesische Märchen, Gedichte und Rätsel in deutscher Übersetzung. Leipziger semitistische Studien I. Bd., Heft 5. Leipzig 1904.
Die Vergeltung des Nachtquartiers
  Magazin für die Literatur des Auslandes. Hrsg. von Joseph Lehmann. 37. Jahrg., Nr. 41. Berlin 1868.
Das kleine Mädchen im Brunnen
  Paul Sébillot: Contes populaires de la Haute-Bretagne. Tome I. Paris 1880. Aus dem Französischen übersetzt von der Herausgeberin.
Mann und Frau im Essigkrug
  Ludwig Bechstein: Deutsches Märchenbuch. Leipzig ⁷1848.
Von dem jungen Grafen, der sein Glück suchen ging
  Emil Sommer: Sagen, Märchen und Gebräuche aus Sachsen und Thüringen. Halle 1846. Von der Herausgeberin bearbeitet.
Die Prinzessin als Ritter
  Nach Friedrich Wilhelm Val. Schmidt: Märchensaal. Die Märchen des Straparola. Berlin 1817.
Stan Bolovan
  Rumänische Märchen übersetzt von Mite Kremnitz. Leipzig 1882.
Der Wundergarten
  Märchen aus Kasachstan. Übersetzt von Eliška Jelínková. Hanau/Main 1988. Von der Herausgeberin bearbeitet.
Die weißen Vögel vom Arpsee
  Johannes Jegerlehner: Sagen und Märchen aus dem Oberwallis. Schriften der Schweizerischen Gesellschaft für Volkskunde Bd. 9. Basel 1913.
Hans im Glück
  Angelika Merkelbach-Pinck: Lothringer Volksmärchen. Kassel o. J.

Verwendete Literatur in Auswahl

Alain: Die Pflicht, glücklich zu sein. Frankfurt am Main ⁶1993.
Bausinger, Hermann: Märchenglück. In: Zeitschrift für Literaturwissenschaft und Linguistik 50, Themenheft Glück. Göttingen 1983, S. 17–27.
Bellebaum, Alfred (Hrsg.): Glück und Zufriedenheit. Ein Symposion. Opladen 1992.
Brednich, Rolf Wilhelm u. a. (Hrsg.): Enzyklopädie des Märchens, Bd. 1–7. Berlin/New York 1977–1993.
Calvino, Italo: Italienische Märchen. Zürich 1975.
Kirchner, Gottfried: Fortuna in Dichtung und Emblematik des Barock. Mainz 1969.
Lüthi, Max: So leben sie noch heute. Betrachtungen zum Volksmärchen. Göttingen ²1976.
Maennersdoerfer, Maria Christa: Der gescheiterte Märchenheld. In: Tod und Wandel im Märchen. Salzburger Beiträge zur Volkskunde Bd. 4, hrsg. v. Salzburger Landesinstitut für Volkskunde, U. Kammerhofer. Salzburg 1991.
Röhrich, Lutz: Erzählungen des späten Mittelalters und ihr Weiterleben in Literatur und Volksdichtung bis zur Gegenwart. 2 Bde. Bern/München 1962.
Sanders, Willy: Glück. Zur Herkunft und Bedeutungsentwicklung eines mittelalterlichen Schicksalsbegriffs. Köln/Graz 1965.
Straparola, Giovan Francesco: Le piacevoli notti. A cura di Manlio Pastore Stocchi. Universale Laterza 536. Roma/Bari 1979.
Uther, Hans-Jörg: Hans im Glück. Zur Entstehung, Verbreitung und bildlichen Darstellung eines populären Märchens. In: The Telling of Stories. Approaches to a Traditional Craft. A Symposium. ed. M. Nøjgaard u. a. Odense 1990.
Winner, Thomas G.: The Oral Art and Literature of the Kazakhs of Russian Central Asia. Durham 1958.

Märchen der Welt
Themenmärchen

Märchen der Antike
Herausgegeben von Erich Ackermann
Band 2891

Märchen von Brüdern und Schwestern
Herausgegeben von Ulrike Blaschek-Krawczyk
Band 11629

Märchen von Drachen
Herausgegeben von Sigrid Früh
Band 11380

Märchen vom Essen und Trinken
Herausgegeben von Hans-Jörg Uther
Band 11326

Märchen von Feen
Herausgegeben von Frederik Hetmann
Band 10936

Die Frau, die auszog, ihren Mann zu erlösen
Europäische Frauenmärchen
Herausgegeben von Sigrid Früh
Band 10463

Märchen vom Glück
Herausgegeben von Hannelore Marzi
Band 12815

Gruselmärchen
Herausgegeben von Erich Ackermann
Band 12751

Märchen von Handwerkern
Herausgegeben von Frieder Stöckle
Band 11379

Märchen von Hexen und weisen Frauen
Herausgegeben von Sigrid Früh
Band 10462

Indianermärchen aus Kanada
Herausgegeben von Fredrik Hetmann
Band 10203

Indianermärchen aus Mexiko
Herausgegeben von Frederik Hetmann
Band 12200

Fischer Taschenbuch Verlag

Märchen der Welt
Themenmärchen

Indianermärchen aus Nordamerika
Herausgegeben von Frederik Hetmann
Band 10204

Indianermärchen der Pueblo, Hopi und Navajo
Herausgegeben von Frederik Hetmann
Band 10202

Indianermärchen der Sioux und Cheyenne
Herausgegeben von Frederik Hetmann
Band 11130

Jüdische Märchen
Herausgegeben von Israel Zwi Kanner
Band 2898

Märchen von Katzen
Herausgegeben von Barbara Stamer
Band 12546

Keltische Märchen
Herausgegeben von Frederik Hetmann
Band 2899

Märchen von Leben und Tod
Herausgegeben von Sigrid Früh
Band 10206

Märchen von Liebe und Eros
Herausgegeben von Ulrike Blaschek
Band 10205

Märchen von Männern
Herausgegeben von Stephan Marks
Band 11392

Märchen von Mördern und Meisterdieben
Herausgegeben von Volker Ladenthin
Band 2887

Musikmärchen
Herausgegeben von Leander Petzoldt
Band 12463

Märchen von Müttern und Töchtern
Herausgegeben von Ulrike Blaschek-Krawczyk und Sigrid Früh
Band 11667

Märchen von Nixen
Herausgegeben von Barbara Stamer
Band 10972

Fischer Taschenbuch Verlag

Märchen der Welt
Themenmärchen

Orientalische Frauenmärchen
Herausgegeben von
Hannelore Marzi
Band 12652

Märchen von Riesen
Herausgegeben von
Erich Ackermann
Band 11674

Märchen von Schicksal und Weissagung
Herausgegeben von
Barbara Stamer
Band 2888

Märchen von Sonne, Mond und Sternen
Herausgegeben von
Ulrike Blaschek-Krawczyk
Band 12531

Märchen von Teufeln
Herausgegeben von
Wilhelm Solms
und Sigrid Früh
Band 12219

Märchen von Tieren
Herausgegeben von
Leander Petzoldt
Band 11943

Märchen von Treue und Freundschaft
Herausgegeben von
Hannelore Marzi
Band 11933

Märchen von Vätern und Töchtern
Herausgegeben von
Renate Greinacher
Band 2886

Märchen vom Wasser
Herausgegeben von
Barbara Stamer
Band 12810

Märchen von Zwergen
Herausgegeben von
Erich Ackermann
Band 12472

Fischer Taschenbuch Verlag